LADURÉE *Paris*

馬卡龍名店
LADURÉE
口碑推薦！

老巴黎人才知道的
200家品味之選

賽爾・吉列滋
（Serge Gleizes）著

LADURÉE的巴黎

巴黎是獨一無二、吸引目光、華麗隆重的地方。她是Ladurée的家鄉，整個品牌故事的起源地，我們的心從1862年就一直停留在這座城市。

我們愛她的一切：古典皇室花園、豪斯曼式的建築外牆、浪漫的大道、各式精品小店與餐廳，還有沿著塞納河畔的道路。這個迷人的城市讓人如何不愛上她呢？大家最早稱她為露蒂西亞（Lutèce），這個被河水包圍的小城在過去幾個世紀，已成為代表藝術、時尚、美妝、美食與裝飾的都市，更有許多世界一線的美術館，這裡也是散步、感情與夢想之都。

我們生活的熱情源自於此，就連我們的精神以及專業知識也是，我們的茶室與甜點專賣店，堅持傳達在大巴黎裡最精彩的小巴黎。很幸運地，我們的店面都在佔有重要歷史地位的路上：香榭大道、左岸的波拿帕街以及第八區的皇家路。

我們希望大家能藉著這本書，一起享受一趟幸福的旅程，所以我們結集了自己最喜愛的一些景點，推薦給大家：有些是與Ladurée合作多年的忠實好朋友，也有大家眾所皆知，來到巴黎絕不可錯過的經典景點，還有普通的旅遊指南不會提到，隱藏在巴黎的祕密花園，以及一些巴黎人口耳相傳的好去處。這些不僅是巴黎最精彩的一些小角落，也是世界上很精彩的地方之一。

最後歡迎來到Ladurée的巴黎，希望你和我們盡情享受美麗的巴黎漫步吧！

目錄

Maison fondée en 1862

LADURÉE

美食
Gourmandise

經典高雅的餐廳、鄰家小餐館,從傳統法式料理,到新潮的混合風味菜色,
豐富的菜單令人目不暇給。
在巴黎,最棒的就是能自由選擇、享受好吃的東西!
當然,也別錯過適合全家一起享受的餐廳、食材專賣店、葡萄酒店、甜點店、
巧克力店、乳酪專賣店,這些都是能呈現巴黎美食風貌的好店。
Ladurée的任務是「將巴黎所有值得去的一時之選介紹給讀者」!
不論是店內的菜單、氛圍,以至於裝潢,全都分享給大家。
喜愛花都的人、美食愛好者,和我們一同暢遊巴黎吧!

Ladurée嚴選之嚴選 美食

以下是巴黎最美的一些餐飲。來到這些地方彷彿置身夢境中，身處絢麗別緻的餐廳，目光被華麗的菜單吸引，享受著體貼的服務。每次來到這些餐廳用餐，都是值得留念的回憶，所以，記得打扮漂亮出門喔！

Le Grand Véfour 大維富餐廳

這間餐廳最初是1784年創立的夏特賀咖啡館（Café de Chartres），曾經是知名法國詩人尚‧考克多（Jean Cocteau）、演員尚‧馬萊（Jean Marais）、作家柯蕾特（Colette）、繪畫大師克里斯汀‧貝哈（Christian Bérard）與許多影視名人時常光顧的餐廳。除了這邊的美食，餐廳的整體氛圍更是令人流連忘返，墊在酒杯下的是古典的法蘭西第二帝國時期桌巾。從1948～1984年，這裡的廚房是由風趣的名廚雷蒙‧奧力佛（Raymond Olivier）所領軍，現在則由米其林三星主廚紀‧馬丹（Guy Martin）負責。他在2011年買下餐廳重新整頓，呈現保有歷史又不失創意的料理風格。在這裡，你還是能吃到最美味的經典法式薩瓦蛋糕。

◆地址：17, rue de Beaujolais, 75001
◆電話：01 42 96 56 27
◆地鐵站：Palais-Royal
◆網址：www.grand-vefour.com

L'Ambroisie 眾神之食餐廳

這裡並非以華麗風格或過度複雜的菜色取勝，正好相反，特色在於由名廚貝爾納・帕寇（Bernard Pacaud）與他的兒子馬修（Mathieu）掌廚的原汁原味料理。來到這你不能錯過的特色料理包含：野蒜蝸牛帕瑪提耶開胃菜、摩卡夾心蛋糕佐蛋白霜珍珠，更別忘記魚子醬糖心蛋佐沙巴雍醬以及綠蘆筍。相信在這兒，你一定能得到視覺與味蕾的雙重享受！

◆ 地址：9, Place des Vosges, 75004
◆ 電話：01 42 78 51 45
◆ 地鐵站：Chemin-Vert、Saint-Paul或Sully-Morland
◆ 網址：www.ambroisie-paris.com

Thoumieux 圖米厄餐廳

此處絕對是我們最喜歡的餐廳之一，除了由當代知名的室內設計師印蒂雅・瑪達以（India Mahdavi）所呈現的秘境，主廚尚馮索・皮耶（Jean-François Piège）每天獨特的料理也非常迷人。這裡最著名的餐點，除了每日特別的趣味開胃小點，就屬布列塔尼藍龍蝦、豐盛的乳酪盤、綿密的奶油布丁，還有令人讚歎的法式甜點：漂浮之島。與這些食物一起登場的細緻瓷器和餐具也都美不勝收。如果你正尋找適合中午的聚會之處，或是安靜的兩人晚餐約會餐廳，預約這家餐廳准沒錯！

◆ 地址：79, rue Saint-Dominique, 75007
◆ 電話：01 47 05 49 75
◆ 地鐵站：Invalides或 La Tour-Maubourg
◆ 網址：www.thoumieux.fr

🦋 L'Arpège 琴音餐廳

簡單又真誠，這裡一點都不做作，也不過度裝飾。餐桌上擺的不是艷麗的花束，而是直接用甘草棒或是黑檀木片裝飾。菜單上精彩的亮點包括：蕪菁天竺葵握壽司、汝拉白酒煮龍蝦，以及新鮮長梗蒜濃湯。主廚阿朗・帕薩爾（Alain Passard）的食物同時展現了詩意、美與風味。

◆ 地址：84, rue de Varenne, 75007
◆ 電話：01 47 05 09 06
◆ 地鐵站：Varenne
◆ 網址：www.alain-passard.com

🦋 Lasserre 拉薩爾餐廳

任何人來到有天井的餐廳用餐應該都很開心！尤其在夏天時，宜人的光線又更加浪漫。這邊主要是以法式經典料理為主，但不時會加入點較輕鬆的元素烹調。上一任主廚是名廚阿朗・杜卡斯的雅典娜廣場餐廳（Plaza Athénée）出身的克里斯多弗・摩瑞（Christophe Moret），2015年初剛由艾德里安・楚伊勞（AdrienTrouilloud）接手。糕點師傅則是克蕾兒・海澤羅（Claire Heitzler）。這家餐廳榮獲米其林二星。

◆ 地址：17, avenue Franklin-D.-Roosevelt, 75008
◆ 電話：01 43 59 02 13
◆ 地鐵站：Franklin D. Roosevelt
◆ 網址：www.restaurant-lasserre.com

Le Cinq 五號餐廳

這是藏身在巴黎喬治五世四季飯店裡的米其林二星餐廳。一踏進餐廳內,看見包覆著金與灰的空間,搭配十八世紀英法風格家飾,以及法國攝政時期的鏡子,處處盡顯絕代風華。名廚克里斯汀・史奎爾（Christian Le Squer）拿手的季節性料理,全都使用當季的在地食材,烹調出新鮮又不失創意的菜色:混合蕈菇、海鱸以及「巴黎布雷斯特」皮蒙特榛果泡芙等等。

◇ 地址:31, avenue George-V, 75008
◇ 電話:01 49 52 71 54
◇ 地鐵站:George V
◇ 網址:www.restaurant-lecinq.com

Le Jules Verne 朱爾・凡爾納餐廳

位在大家耳熟能詳的艾非爾鐵塔二樓,由重量級名廚阿朗・杜卡斯（Alain Ducasse）與徒弟巴斯卡・菲羅（Pascal Feraud）合作的餐廳。鴨肝、碳烤小龍蝦、香煎海鱸魚片以及各式地中海風味的特色料理,都是令人垂涎的美食。此外,由知名設計師派翠克・裘安（Patrick Jouin）設計的室內空間,則是欣賞整座城市全景的絕佳位置!

◇ 地址:Tour Eiffel, 5, avenue Gustave-Eiffel （南塔）, 75007
◇ 電話:01 45 55 61 44
◇ 地鐵站:Dupleix
◇ 網站:www.lejulesverne-paris.com

塞納河畔

Le Voltaire
伏爾泰餐館

經典又大器的餐廳，是第七區藝文界人士經常聚會的場所。這裡是很典型、位在大街上的巴黎餐館，旁邊鄰近的巴克街（rue du Bac）與左岸廣場（Carré Rive Gauche）則都是藝廊與古董店區，再多走幾步還有奧賽美術館。菜單上魚肉料理皆有，像是炸鱈魚或是著名的牛排佐薯條。

◆地址：27, quai Voltaire, 75007 ◆電話：01 42 61 17 49 ◆地鐵站：Rue du Bac

西南法風味料理
Le Basilic 羅勒餐館

室內呈現的是裝飾藝術風格，配上皮沙發座椅、灰暗的光、老舊的鏡子還有以前的海報。室內的溫暖以及西南法的美食，簡單又大方。依照季節選用食材，在這裡可以嘗到像大韭蔥佐香醋、水煮鱈魚佐酸豆醬、羊腿配薯條。配上有機天然的葡萄酒，彷彿置身巴斯克區！

◆地址：2, rue Casimir-Périer, 75007 ◆電話：01 44 18 94 64 ◆地鐵站：Solférino、Invalides、Assemblée Nationale或Varenne ◆網址：www.restaurant-le-basilic.fr

吧台創意料理

L'Atelier Saint-Germain de JoëlRobuchon
侯布雄美食坊

這裡最有名的便是吧台式的餐桌設計，我們只要一坐上高腳椅，馬上能陶醉地望著廚師們準備餐點的伶俐動作。這邊的料理具有特殊的風味，令人迷戀，像油漬馬鈴薯與黑松露，配上科爾伯特式的全尾炸牙鱈等等。名廚喬埃·侯布雄（Joël Robuchon）將這裡的廚房交給弟子阿謝兒·曼茲（Axel Manes）打理，餐廳內紅與黑的主題色搭配，則是來自皇室室內設計師皮耶·伊夫·羅尚（Pierre Yves Rochon）的巧思。而另一家餐廳分店位在巴黎L'Etoile區（地址：Publicis Drugstore, 133, avenue des Champs-Élysées, 75008, 電話：01 47 23 75 75）。

◆地址：Hôtel du Pont Royal, 5, rue de Montalembert, 75007 ◆電話：01 42 22 56 56 ◆地鐵站：Rue du Bac ◆網址：www.atelier-robuchon-saint-germain.com

市集小館

❶ Ma Cocotte
我的小母雞

這是巴黎北區聖圖安跳蚤市集區裡最棒的餐廳之一，餐廳裡彌漫著歡樂的氛圍，出乎意料的空間出自知名設計師菲利普·史塔克（Philippe Stark）之手。牆面佈滿紅磚，廁所內使用的是荷蘭楚格設計（Droog Design）的白色陶瓷磚，地板是用馬賽克排列出如地毯的裝飾。餐點部分也是簡單又不失美味：扁豆沙拉、白煮蛋佐美乃滋醬、香料烤全雞、炸魚薯條、乳酪漢堡，甜點則推薦米布丁搭配香烤杏仁。

◆地址：106, rue des Rosiers, 93400 Saint-Ouen ◆電話：01 49 51 70 00 ◆地鐵站：Porte de Clignancourt ◆網址：www.macocotte-lespuces.com

風格設計

❷ Le Mama Shelter
媽媽庇護所

此處的室內空間同樣是出自名師菲利普·史塔克（Philippe Stark）的設計：巨型吧台、點唱機，還有抬頭即可看見寫滿字的天花板，都是在其他地方體驗不到的。餐飲顧問傑洛米·班可條（Jérôme Banctel）設計的菜單，大多是親切的家常料理，這些看似簡單但非常好吃的菜色，同時還兼具趣味性。傳統的法式油封鴨在這裡成了隱藏在焗烤馬鈴薯片下的分解料理，焗烤通心麵則配上火腿肉片與糖心蛋（取代普通的太陽蛋），另外煙燻烤雞也很推薦，而甜點當然要來個巨大版的蘭姆巴巴（baba au rhum）囉！

◆地址：109, rue de Bagnolet, 75020 ◆電話：01 43 48 48 48 ◆地鐵站：Porte de Bagnolet或Gambetta ◆網址：www.mamashelter.com

海鮮盛宴

❸ Le Méditerranée
地中海餐廳

這家餐廳從1942年來就坐鎮市中心的歐迪恩廣場（旁邊就是著名的歐迪恩劇院），如此活躍的文化地理位置，使得餐廳的來客從開幕以來就不曾間斷。餐點是以海鮮與魚類料理為招牌，尤其是蜂蜜香煎鯛魚排。而這裡的新鮮生蠔、海膽更名列巴黎市的前幾名！看完戲即可來此飽餐一頓。

◆地址：2, Place de l'Odéon, 75006 ◆電話：01 43 26 02 30 ◆地鐵站：Odéon ◆網址：www.la-mediterranee.com

舊日好風味
❶ Chez l'ami Louis
我的朋友路易那家店

餐廳的外觀很暗，窗子拉上格子布簾，而餐廳內鋪上瓷磚地板、天花板牆邊雕刻的圓滑線條，再擺放些五〇年代小酒館的桌子，整體散發出懷舊的魅力。這裡的店主人是路易・蓋比（Louis Gabby），他的料理偏向傳統，深受西南法口味的影響，最著名的菜色是鵝肝以及季節家常料理。

◈地址：32, rue de Vertbois, 75003 ◈電話：01 48 87 77 48 ◈地鐵站：Temple

兼具傳統與溫馨
❷ Chez Dumonet restaurant Joséphine
約瑟芬迪莫內酒館

推開木製大門，映入眼簾的是地上鋪的不規則瓷磚、老舊的收納櫃、牆上的雕刻，以及刻了字的玻璃，一切都透露出這間小酒館，滿滿的故事。廚師尚・克里斯汀・迪莫內（Jean-Christian Dumonet）專注於傳統法式料理，尤其注重爐烤與燒烤烹調的肉類，乳酪盤也是餐廳招牌。當然也不能忘記以下的拿手料理：羊肚菌填慕斯、鵝肝，還有甜點舒芙蕾。友善又親切的待客方式更證明這裡的服務與食物是一樣出了名的高水準！

◈地址：117, rue du Cherche-Midi, 75006 ◈電話：01 45 48 52 40 ◈地鐵站：Duroc或Falguière

西南法美味
❸ La Fontaine de Mars 戰神噴泉餐廳

這裡是巴黎最古老的餐館之一，現任店主是來自西南法的克麗斯汀（Christiane）與賈克・布東（Jacques Boudon），他們在2007年時把餐廳重新裝修成現在的樣貌。冬天時，大家會坐在老舊的皮沙發上品嘗鵝肝、鴨胸以及卡蘇萊砂鍋（cassoulet，也就是家常式的肉燉白扁豆）。夏天則可以在露天區享受陽光。順道一提，餐廳旁的小廣場有個會發出滋滋流水聲的噴泉，這曾是拿破崙軍隊的馬喝水的地方。記得要留些肚子給甜點喔！你絕對無法抗拒這裡的蘭姆巴巴（baba au rhum）！最棒的是這裡全年營業。

◈地址：129, rue Saint-Dominique, 75007 ◈電話：01 47 05 46 44 ◈地鐵站：École Militaire ◈網址：www.fontainedemars.com

17

小口小口的美味
❶Shu 修日本料理

由這裡的空間就能看出不是一般的日本料理餐廳，牆面的石壁、裸露的梁柱全都誠實大方地呈現於客人眼前。這裡的食物也極具創意，全部都是串炸料理：從鮮蔬串、可樂餅到肉料理，都能裹著日式麵衣後酥炸，再分批三樣三樣上桌，以維持最酥脆的口感與味道。蓮藕、鵝肝、鵪鶉蛋全都成為一串串有如丸子三兄弟的小點，可以搭配各種不同的醬汁享用。這絕對會是一次令人印象深刻的美食體驗！

◆地址：8, rue suger, 75006 ◆電話：01 46 34 25 88 ◆地鐵站：Saint-Michel 或Od on ◆網址：www.restaurant-shu.com

太陽國料理
❷Yen 円日本小館

從左岸最有名的花神咖啡步行一小段，即可找到這間簡單美味的日式小館。這邊的裝潢非常簡約，但食物真的很棒！我們很喜歡這裡的蕎麥麵佐芝麻醬，裝在小籃子上桌的麵條全部是自家製的手工麵，種類則有冷麵或熱湯麵。炸蝦、蔬菜天婦羅也都很美味，甜點有芝麻與抹茶冰淇淋。這裡的家常味是與平時想像中「日出之國」的壽司，或者生魚片料理截然不同的另一種日式風格，不妨嘗試看看。

◆地址：22, rue Saint-Benoît, 75006 ◆電話：01 45 44 11 18 ◆地鐵站：Saint-Germain-des-Prés

在巴黎，品味東京

下列推薦的這些店家，讓你輕鬆隨意就能吃到可口的日式午餐或晚餐，當然也別忘記在左岸的樂蓬馬歇百貨內的超大食舖（La Grande Épicerie de Paris）中的日本食品區（見p.28）：

伊塞食材店(Workshop Isse)：可以找到各地的日本清酒、梅酒、抹茶、柚子果汁、花椒、醋等等，全是來自日本各地老牌店家的特色食品。（地址：11, rue Saint Augustin, 75002；電話：01 42 96 26 74）

京子(Kioko)：兩層樓的店面中販售各類食材，從各種米，到海菜、醬料、糖果以及日本有機蔬果，品項齊全。（地址：46, rue des Petits-Champs, 75002；電話：01 42 61 33 65）

十時屋(Juji-ya)：這間小小的日式便當專賣店，外帶或內用皆可。從炸雞肉到壽司捲，菜色多樣。（地址：46, rue Sainte-Anne, 75002；電話：01 42 86 02 22）

佳苗(Kanae)：店裡販售新鮮的熱帶水果、啤酒、醬料，甚至連各種冷凍包裝食品都有。（地址：118, rue Lecourbe, 75015；電話：01 56 56 77 60）

多元混搭料理

盤子上的藝術
❶ Ze Kitchen Galerie 廚房藝廊

餐廳溫和又有禪味的氛圍，很符合這裡餐飲的概念。一直以來，身兼主廚與老闆雙重身分的威廉·樂頓宜（William Ledouil），對以法式烹調技法來呈現亞洲料理情有獨鍾。這邊可以嘗到枸櫞燻烤小龍蝦佐生薑、香菜蟹肉沙拉佐芒果片與球莖甘藍菜，還有新鮮白乳雪酪配大黃。多元的風味料理搭配極簡風藝術的擺盤，彷彿經歷一場味覺的小旅行。餐廳也會不時舉辦當代藝術的展覽。

◆地址：4, rue des Grands-Augustins, 75006 ◆電話：01 44 32 00 32 ◆地鐵站：Saint-Michel ◆網址：www.zekitchengalerie.fr

美妙的味覺饗宴
❷ Le Bar Ladurée Ladurée時尚概念酒吧

這間時尚概念酒吧，是與我們Ladurée旗下的茶室稍微不同的餐廳！同樣都是由蘿珊·侯迪奎（Roxane Rodriquez）所設計的空間，但這邊嘗試提供更多全天候的餐點。從新鮮有機雞蛋的早餐盤、玫瑰覆盆莓法式吐司、有機鱸魚生魚片佐生薑，連燕麥酥炸鮭魚片佐醃漬檸檬都有。甜點部分則取材一些自家經典的甜點，再將原本的結構重組成如伊斯帕罕玫瑰覆盆莓果凍杯、聖多諾黑泡芙等等。

◆地址：13, rue Lincoln, 75008 ◆電話：01 40 75 08 75 ◆地鐵站：George V ◆網址：www.laduree.fr

馬卡龍調酒

馬卡龍象徵的是Ladurée品牌的精神，也是Le Bar Ladurée一系列調酒的靈感來源。當然除了將馬卡龍口味化身為酒精飲料，享用時也會讓大家搭配一顆同口味的馬卡龍小圓餅。深受大家喜愛的口味像是：焦糖鹽之花調酒，這款的基底酒為伏特加，加上法國吉發得（Giffard）焦糖味利口酒、太妃糖漿、焦糖糖漿與鮮奶油。另外，還有開心果調酒（伏特加、薑汁利口酒、開心果糖漿和鮮奶油）以及玫瑰花調酒（伏特加、玫瑰花露、玫瑰糖漿與鮮奶油），其他包括檸檬、咖啡、橙花、香草等口味可以選擇。非常適合前來小酌，可以當作餐前酒、傍晚的約會、醒腦的振奮劑，也可以來純粹享受美味，或是慶祝特殊場合也很棒！

時尚一隅

❤①Emporio Armani Caffè
安普利歐·亞曼尼咖啡廳

坐落在文藝的聖傑曼德佩區中央，對面是著名的雙叟咖啡廳，這裡是安普利歐·亞曼尼（Emporio Armani）的咖啡廳。主廚馬西莫·莫利（Massimo Mori）呈現亞曼尼的義式精神，準備了布拉塔乳酪、薄片小牛肉佐鮪魚酸豆醬的冷盤，還有威尼斯義式餃子，當然也不缺葡萄酒。別錯過每天下午三點到八點的「亞曼尼午茶」時刻，有現做的冰淇淋甜點配上蛋白霜餅、濃縮咖啡或焦糖堅果。

◆地址：149, boulevard Saint-Germain, 75006 ◆電話：01 45 48 62 15 ◆地鐵站：Saint-Germain-des-Prés ◆網址：www.massimomori.net

南方料理

❤②Le Perron 佩隆餐廳

左岸最出名的義大利餐廳之一。料理主要是西西里、沙丁尼雅與阿布魯佐地區的特色美食。所有麵食都煮到軟硬適中，酥炸朝鮮薊也美味好吃。其他的蘆筍或番紅花燉飯、開胃冷菜，還有小龍蝦寬麵也都是強項，酒單也不容小覷。石頭牆面配上粉色調，長型皮椅與潔白的桌巾，塑造出整體柔和又低調的空間設計。

◆地址：6, rue Perronet, 75007 ◆電話：01 45 44 71 51 ◆地鐵站：Saint-Germain-des-Prés或Rue du Bac ◆網址：www.restaurantleperron.fr

阿爾卑斯風味

❤③Pizza Chic
優雅時尚披薩店

位在盧森堡花園旁，這絕對是第六區最時尚的披薩店！大型落地窗配上白桌巾與銀餐具，走的是簡單乾淨的經典路線。這邊的薄皮披薩全是手工麵團現做，剛出爐的披薩與義大利葡萄酒更是絕配。甜點則推薦義大利北部的特色調酒，酸甜風味的「詩果皮諾」，裡面是檸檬雪酪冰砂、伏特加與氣泡酒。

◆地址：3, rue de Mézières, 75006 ◆電話：01 45 48 30 38 ◆地鐵站：Saint-Sulpice ◆網址：www.pizzachic.fr

羅浮宮美景

❶ Le Café Marly
羅浮宮前迴廊咖啡廳

這是設計大師奧利維・卡內（Olivier Gagnere）與伊夫・塔哈隆（Yves Taralon）合作的餐廳。一分為二的室內外空間，一半是美術館裡的一間雕像展示間，戶外的半開放陽台區則是羅浮宮長廊的一部分，面對著貝聿銘的玻璃金字塔。招牌餐點包括泰裔主廚堤烏（Thiou）的「流淚的老虎」：烤牛肉條與泰式辛香料，還有有機鮭魚排。這裡很適合午餐、晚餐與獨自小酌。

◆地址：93, rue de Rivoli, 75001 ◆電話：01 49 26 06 60 ◆地鐵站：Palais-Royal ◆網址：www.beaumarly.com

市場小角落

❷ Les Gastropodes
蝸牛小館

這裡本只是一個獨立的吧台站立空間，現在塞下幾張小桌子，變成一間小餐館，平時廚師會走出來上菜。這邊最受歡迎的餐點包括辣味美乃滋漢堡、炸魚薯條、煙燻烤牛肉三明治、奶油焦糖米布丁，更別錯過招牌布里歐麵包佐黑醋栗蝸牛芥末醬。

◆地址：132-140, rue des Rosiers, 93400 Saint-Ouen ◆電話：06 82 66 05 34 ◆地鐵站：Porte de Clignancourt

藝文咖啡

❸ Les Deux Magots
雙叟咖啡廳

這是聖傑曼德佩藝文界人士的大本營，也是藝術與政治的交匯點。同樣精彩的還有選擇眾多的菜單：生牛肉塔塔非常好吃，炸薯條脆得不得了，還有濃郁的熱可可，仍依照以前以一片黑巧克力塊與熱牛奶的比例調配。來到雙叟咖啡廳就像進入了時光機，老派服務員服務周到，餐廳內依然保有老舊年代獨特的味道。

◆地址：6, Place Saint-Germain-des-Prés, 75006 ◆電話：01 45 48 55 25 ◆地鐵站：Saint-Germain-des-Prés ◆網址：www.lesdeuxmagots.fr

經典酒館

❹ La Palette
調色盤酒館

位於左岸藝文區旁，這是經歷過真正波希米亞風時光的小酒館。外牆上滿滿雕刻著不同名勝古蹟的名字，其中一間房間擺放著許多1930與1940年代的陶器與畫作。這邊的特殊食材包括有機雞蛋、來自奧地利區亞歷山大農場的各種乳酪，還有佩特洛香

（Petrossiuan）的白鱘魚子醬。

◆地址：43, rue de Seine, 75006 ◆
電話：01 43 26 68 15 ◆地鐵站：
Mabillon或Odéon ◆網址：www.
cafelapaletteparis.com

親切小點

❤① Le Pain Quotidien
每日好麵包

這裡是最受當地人歡迎的麵包甜點店之一，除了麵包與點心之外，也有平價的套餐。挑高的空間、石頭牆壁、大玻璃窗以及原木的展示櫃，全部就像在自家廚房裡一般輕鬆自在，展現這個連鎖品牌的人性。櫃子上小罐的蜂蜜、調理油、果醬與各式的麵包抹醬，都可買回家享用！店裡還貼心設置了外帶專用櫃檯，方便大家趕時間時迅速買麵包、三明治或點心帶走。

◆地址：25, rue de Varenne, 75007 ◆電話：01 45 44 02 10 ◆地鐵站：Sèvres-Babylone或Rue du Bac ◆網址：www.lepainquotidien.com

季節性食材

❤② Cojean 科讓餐館

這是一家自助式簡餐店，只要先取一個小餐盤，就可以沿著櫃檯挑選你想要的櫛瓜檸檬濃湯、蝦仁綠咖哩燉飯或白鳳梨沙拉等料理。餐點可以內用或外帶，都很方便。菜色會因季節而更換。最酷的是這裡還喝得到各種水果口味的珍珠奶茶喔！

◆地址：42, boulevard Raspail, 75007 ◆電話：01 45 48 98 87 ◆地鐵站：Sèvres-Babylone ◆網址：www.cojean.fr

英式風情

❤③ Le bar de l'hôtel Raphael(Bar Anglais)
拉斐爾飯店酒吧

這裡有如一個舒適溫暖的避風港，過去各界名流，像歌手賽日・甘絲柏（Serge Gainsbourg）、喜劇演員阿麗爾・朵巴斯特（Arielle Dombasle）、作家貝爾納・亨利・李維（Bernard Henri Levy）都常來這聚會。拉斐爾飯店的白色套房名列全城裡最美的房間之一，最棒的是踏出窗外就看得到艾菲爾鐵塔！偷偷透露一下，這裡同時也提供純預約制的午餐。

◆地址：17, avenue Kléber, 75016 ◆電話：01 53 64 32 00 ◆地鐵站：Kléber ◆網址：www.raphael-hotel.com

精緻食材舖

頂級超市

❶ La Grande Épicerie de Paris
超大食舖

蓬馬歇百貨（Bon Marche）自1923年創立以來，一直是精品界究極品味的代表。1978年更推出這家超市，販售各式最高品質的食品。過去十三年都是由尚・雅克・瑪西（Jean-Jacques Massé）主導超市的餐飲服務。他在1997年榮獲法國最佳工藝師的廚師獎項（Meilleur Ouvrier de France）。

◆地址：38, rue de Sèvres, 75007 ◆電話：01 44 39 81 00 ◆地鐵站：Sèvres-Babylone ◆網址：www.lagrandeepicerie.com

特色風味香料

❷ Entrepôt Épices Roellinger
羅林格的香料倉庫

來自康卡爾地區的米其林大廚奧利維・羅林格（Olivier Roellinger）的這家小店，是他分享各種香料的「故事、旅程與夢想」之處。他從世界各地收集了稀有香料：埃斯普萊特的小辣椒、剛果的幾內亞灰胡椒、馬達加斯加的香草、各種油。

◆地址：51 bis, rue Sainte-Anne, 75002 ◆電話：01 42 60 46 88 ◆地鐵站：Pyramides或Quatre-Septembre

健康手工口味

❸ It Mylk 優格冰淇淋店

這是由羅倫吉（Lorenzi）姊妹創立的品牌。最先是從網路商店的販售模式竄紅，之後不定時會有快閃櫃位，推出多種口味的優格、奶昔（草莓、覆盆子、堅果巧克力與純可可都出現過！）最重要的是，原料全都是來自巴黎近郊維覃（Viltain）農場的有機牛奶。

◆地址：1, Place Jane-Évrard, 75016 或 48, boulevard Haussmann, 75009（拉法葉百貨6樓） ◆地鐵站：La Muette 以及 Havre-Caumartin ◆網址：www.iymylk.fr

香料風味

❹ Izraël 以色列香料店

在這裡你可以找到：土耳其軟糖、玫瑰花露、香橙花露、風乾水果與果醬、橄欖，以及腰果、番紅花、胡椒、香料等等。如同鄂圖曼帝國敞篷市場的店面，牆角擺放著一袋袋的麵粉，天花板吊掛風乾的辣椒串，架子上放滿來自地球另一端的餅乾，讓大家在巴黎市中心就可以體驗到中東露天市集的氣味與色彩！

◆地址：30, rue François-Miron, 75004 ◆電話：01 42 72 66 23 ◆地鐵站：Hôtel de Ville 或Saint-Paul

有機餐點

❶ L'Epicerie générale 大眾雜貨鋪

走進店裡，發現小貓頭鷹商標正躲在店裡的每個角落偷看。乾淨俐落的店裡都是米白色的櫃子，上面全放著法國最好的有機產品。這家店裡可以找到冷燻肉、葡萄酒、多穀麵包、香料、水果、橄欖油、果醬、聖丹尼斯出產的布列塔尼蜂蜜，還有許多美味的三明治與眾人稱為「La Strix」的有機伏特加。

◆地址：43, rue de Verneuil, 75007 ◆電話：01 42 60 51 78 ◆地鐵站：Solférino ◆網址：www.epiceriegenerale.fr

地中海寶藏

❷ Da Rosa 達羅薩熟食雜貨鋪

店主人約瑟・達・羅莎（Jose Da Rosa）玩遍世界各地，但從這家店中可發現，他的最愛是西班牙、義大利與葡萄牙地區。他從這些地區精選具有工藝精神、對環境友善的廠商的食品。貝蘿塔（Bellota）等級的伊比利火腿、鰹魚罐頭、橄欖油、鱈魚子塔馬拉醬（源自希臘的一種粉橘色魚子，摻入橄欖油打發的開胃沾醬），還有各類茶葉以及特選花草茶。這裡

一開始是從美食行家界裡口耳相傳開的，很多當代大廚都喜歡來這聚會，很可能其中一位就會跟你同桌喔！

◆地址：62, rue de Seine, 75006 ◆電話：01 40 51 00 09 ◆地鐵站：Mabillon ◆網址：www.darosa.fr

迷戀義式風味

❸ Coopérative Latte Cisternino 奇斯泰爾尼諾乳品合作社

店中有從南義普利亞（Pouilles）來的鮮奶布拉塔乳酪、瑞科塔乳酪、新鮮麵皮，還有披薩麵團、帕瑪火腿，以及每星期四從義大利直送的莫扎瑞拉乳酪。這裡大多是來自義大利中部的畜牧產品，不只觀光客喜歡來選購，許多義大利人都會來此購買有家鄉味的食品。

◆地址：17, rue Geoffroy-Saint-Hilaire, 75005（分店：108, rue Saint-Maur, 75011、37, rue Godot-de-Mauroy, 75009）◆電話：01 83 56 90 67 ◆地鐵站：Censier-Daubenton 或Saint-Marcel

葡萄酒專賣店

土地的禮物

❶ Legrand Filleset Fils 樂關葡萄酒店

馬賽克拼貼的地板與鑲嵌裝飾的天花板，是呂西安・樂關（Lucien Legrand）在1976年的法國旱災後完成的設計，同年葡萄酒界也發生讓人跌破眼鏡的「巴黎的審判」事件，是美國加州酒莊的葡萄酒首次在盲飲比賽中打敗法國酒。這裡華麗的窗子以黃銅包鑲，木作則大量使用光亮漆製，在在提醒大家法國葡萄酒的地位。在薇薇安拱廊街（Gallerie Vivienne）的店面如今已傳承給家族第五代，除了美酒區，還有精緻食品部、品酒吧、茶室與餐廳，包辦各種美食所需。流暢的空間帶領我們踏上尋找茶葉、咖啡到紅酒的品味旅程。

◆地址：1, rue de la Banque, 75002 ◆電話：01 42 60 07 12 ◆地鐵站：Sentier或Pyramides ◆網址：www.caves-legrand.com

酒莊之遊

❷ La Cave de Joël Robuchon 喬埃・侯布雄酒窖

這個極富時尚的空間，是由曾經獲得多顆米其林星星的法國名廚侯布雄策劃，酒窖裡陳列的葡萄酒與烈酒都是精心挑選的極品。更棒的是，不用走遠就能繼續享受美食！隔壁就是同集團的餐廳侯布雄美食坊（見p.13）。La Cave（法文意思是酒窖）品牌已打響名號，成功進駐貝魯特與東京等國際都市。

◆地址：3, rue Paul-Louis-Courier, 75007 ◆電話：01 42 22 11 02 ◆地鐵站：Rue du Bac ◆網址：www.joel-robuchon.net

桃木飲室

❸ Maison Ryst-Dupeyron 利斯杜培弘酒莊

這裡壯觀的木頭外觀絕對是巴克街（rue du Bac）上最美的店家之一，室內則陳列各式美酒。這個酒莊創立於1905年，以生產極耗時的橡木桶釀造方法聞名，這種天然釀造的酒，會帶點李子的甜香、香草的氣味。在這可找到白甜酒，像茶色波特酒及類似酒款、經典雅文邑酒、斯佩塞（Speyside）或是高地（Highland）地區威士忌、杜培弘（Dupeyron）酒廠的葡萄酒、博多爾的特級園（Grand Cru）等。

◆地址：79, rue du Bac, 75007 ◆電話：01 45 48 80 93 ◆地鐵站：Rue du Bac ◆網址：www.maisonrystdupeyron.com

CAVIAR D'IRAN

CAVIAR DE RUSSIE

SAUMON SAUVAGE
DE NORVEGE

SAUMON BALTIQUE
BLANC

SAUMON ECOSSAIS

CRABE ROYAL

ANGUILLE FINE
DANOISE

黑金魚子
❶ Caviar Kaspia
卡斯皮亞魚子醬餐廳

卡斯皮亞魚子醬餐廳無疑是全巴黎最美的俄國餐廳。溫暖的褐色系純木作設計，櫃子上陳列著精美的瓷器，牆壁上掛著一幅幅歷史悠久的油畫。為了呈現食材原味與品質，絕不過度烹調。當你在周圍瑪德蓮區（Madeleine）百貨與精品店逛累時，可以來這品嘗：水煮蛋佐魚子醬或鮭魚子，配點薄餅，或是鮭魚子烤馬鈴薯沙拉，搭配甜迷你伏特加巴巴。

◆地址：17, Place de la Madeleine, 75008 ◆電話：01 42 65 33 32 ◆地鐵站：Madeleine ◆網址：www.kaspia.fr

海底寶藏
❷ Caviar Petrossian
斐卓仙魚子醬店

在這裡，你可以吃到許多不同製法的獨家魚子醬。除了經典魚子醬、獨家風乾魚子粒，還有魚子克林姆抹醬。當然，這邊也有煙燻鮭魚、海膽魚子塔馬拉抹醬、帝王蟹腳、俄羅斯煙燻鯡魚、辣椒鯷魚，以及鮮魚濃湯。這個品牌是瑪肯（Melkoum）與慕傑（Mouchegh）兄弟於1920年創立，以家族姓氏為名。他們也出品茶葉、鵝肝醬、伏特加與伏特加巧克力珍珠。

◆地址：18, boulevard de La Tour-Maubourg, 75007 ◆電話：01 44 11 32 22 ◆地鐵站：La Tour-Maubourg ◆網址：www.petrossian.fr

法式魚子醬

今天市面上已經不再被伊朗、俄羅斯或咯斯比海峽的魚子醬主宰。以下介紹一些法國製的魚子醬：

■ 魚子醬商行（Comptoir de caviar）：1997年創立，在法國伊夫省的穆聖地區擁有製造工廠，專門處理魚子醬。除了鱘魚魚子，也有產鮭魚卵、海膽、鱈魚魚子醬等等。（電話：01 34 97 21 21）

■ 史托利亞（Sturia）：是最頂級的法國本土鱘魚魚子醬品牌，總部位在波爾多地區旁的聖敘爾克和卡梅拉克。（電話：05 57 34 45 40）

■ 法國魚子醬（Caviar de France）：是在吉倫特省的比岡奧市生產，當地良好的地理環境與清澈的海水再適合不過。（電話：05 56 82 64 42）

■ 黑珍珠魚子醬（Caviar perle noire）：全都是在多爾多涅省的西勒伊市鎮包裝出產。（電話：05 53 29 68 13）

糕點舖

玻璃櫃裡的甜點

1 Pâtisserie des Tuileries 杜樂麗甜點店

一踏進這個典雅的空間裡，立刻感受到糕餅主廚塞巴斯汀‧高達（Sébastien Gaudard）細心的設計。以現代的潔白色系布置，各式傳統口味蛋糕甜點宛如寶物般被收藏在玻璃櫃中，彷彿回到老舊的法式甜點屋。店中全是法式經典：聖多諾黑泡芙、巴黎布雷斯特榛果泡芙、奧賽羅蛋白霜巧克力球、蘭姆巴巴、梨子塔、檸檬塔等等。同時這邊也有很棒的冰淇淋與巧克力！

◆地址：1, rue des Pyramides, 75001 ◆電話：01 71 18 24 70 ◆地鐵站：Palais-Royal ◆網址：www.sebastiengaudard.com

美味的誘惑

2 La Pâtisserie des rêves 夢幻糕餅舖

就像走入童話夢境，整間店的甜點都很棒！裡面有招牌頂級（Grand Cru）瘋狂巧克力、巴黎布雷斯特榛果泡芙、香草千層派、各式奶油甜麵包、季節蛋糕、香橙塔或是莓果塔等等。沒錯，這裡就是著名的「夢幻糕點舖」！除了這些甜點，這邊的糕餅主廚，就是人稱「鬼才甜點師傅」的菲利浦‧康帝辛尼（Philippe Conticini），也曾出版一本關於能多益（Nutella）榛果可可醬的食譜書。

◆地址：93, rue du Bac, 75007 ◆電話：01 42 84 00 82 ◆地鐵站：Rue du Bac或Sèvres-Babylone ◆網址：www.lapatisseriedesreves.com

頂級甜點

觀察現今市場，曾在皇宮或知名餐廳工作的一級糕點師傅出來開設甜點或巧克力點心店，已蔚為趨勢。上面提到的塞巴斯汀‧高達（Sébastien Gaudard）與菲利浦‧康帝辛尼（Philippe Conticini）就是兩個成功的例子。同時，名廚阿朗‧杜卡斯（Alain Ducasse）也成立了巧克力工坊（La Manufacture de chocolat，見p.39）。尚馮索‧皮耶（Jean-François Piège）在與餐廳同一條街上開了加托‧圖米厄糕點舖（Gâteaux Thoumieux），休‧朴傑（Hugues Pouget）有雨果＆維克多（Hugo & Victor）甜點店，還有以克里斯多弗‧亞當（Christophe Adam）為創意總監的天才閃電泡芙（Ladurée de génie），西里爾‧里亞克（Cyril Lignac）的同名店：里亞克糕餅舖（La Patisserie Cyril Lignac），曼紐爾‧馬丁尼茲（Manuel Martinez）的泡芙之家（La Maison du Chou），還有克里斯多弗‧米恰拉（Christophe Michalak）開的米恰拉外帶甜點店（Michalak Take Away）等等。

著重手工精神

① Manufacture Alain Ducasse
阿朗·杜卡斯巧克力工坊

阿朗·杜卡斯（Alain Ducasse）與巧克力大師尼古拉·博杰（Nicolas Berge）合開從可可豆到成品的巧克力工坊。你可以在這找到巧克力甘那許、巧克力幣、水果乾巧克力薄片、巧克力抹醬，還有特色產品「巧克力石」，是混合米香與風乾水果，再裹上一層黑巧克力的一口點心。這間店距巴士底廣場不遠，整間店被玻璃磚環繞，裡面有圓弧的玻璃檯、工業風燈飾，就像回到以前工廠仍在市中心的時代。

◆地址：40, rue de la Roquette, 75011 ◆電話：01 48 05 82 86 ◆地鐵站：Bastille或Bréguet-Sabin ◆網址：www.lechocolat-alainducasse.com

巧克力也瘋狂

② Les Marquis de Ladurée
Ladurée侯爵巧克力店

這是一個精心設計的空間！店中完美呈現法國十八世紀的華麗古典。這邊的巧克力也是絕佳美味，口味層次豐富，全都是由朱利安·克里斯多弗（Julien Christophe）與甜點總監亞·曼葵（Yann Mengui）研發。精美的包裝紙盒裡放著侯爵浮雕的巧克力圓幣、可可堅果、巧克力圓片、巧克力馬卡龍。另外，也別錯過所有的維也納奶油麵包、巧克力柚香聖多諾黑、巧克力塔。

◆地址：14, rue de Castiglione, 75001 ◆電話：01 42 60 86 92 ◆地鐵站：Tuileries或Pyramides ◆網址：www.laduree.com

法式水果糖

③ Boissier
布瓦希耶巧克力店

這是老巴黎人的糖果殿堂，過去老式鐵盒般的包裝盒，淡淡的顏色似乎被遺忘多年。盒中的糖果口味有：櫻桃、覆盆子、梨子、杏桃、紫羅蘭等，以及不同口味的巧克力果。另外，還有從玫瑰、紫羅蘭、馬鞭草、薰衣草到茉莉花的花香巧克力花瓣，其他產品則有果醬、茶葉、經典糖漬栗子。

◆地址：184, avenue Victor-Hugo, 75116 ◆電話：01 45 03 50 77 ◆地鐵站：Rue de la Pompe ◆網址：www.maison-boissier.com

草藥皇宮

❶ L'Herboristerie du Palais-Royal
皇家宮殿藥草店

米謝・皮耶（Michel Pierre）與他的團隊專精於植物性萃取：從美妝、茶葉、烹飪用的香草、藥草與各種天然植物，在這裡都能找到。一踏入店裡，會先聞到馬鞭草，接著還有細香芹、金絲桃（聖約翰草）與接骨木花的香氣。記得要買一包獨家的混合花茶，裡面的主要成分是乾燥玫瑰花瓣，加上別緻的紙包裝，送禮自用兩相宜！

◆地址：11, rue des Petits-Champs, 75001 ◆電話：01 42 97 54 68 ◆地鐵站：Bourse或Pyramides ◆網址：www.herboristerie.com

穀物國度

❷ La Pistacherie
開心果穀物店

這間店有著如十四世紀末古藥妝店的貴氣，在這裡你可以找到約150種不同的漿果與風乾水果，包括開心果、澳洲的夏威夷果、加拿大的蔓越莓，或西藏的枸杞。店家堅持將各式堅果與果乾都裝在玻璃瓶、木盒或冷藏櫃中，以最佳方式保存味道與新鮮。這個品牌在巴黎有兩間店：在朗比托（Rambuteau）街上或塞納河旁的阿爾瑪（Alma）廣場旁。

◆地址：67, rue Rambuteau, 75004或5, Place de l'Alma, 75008 ◆電話：01 42 78 84 55或01 44 43 03 26 ◆地鐵站：Rambuteau或Alma-Marceau ◆網址：www.lapistacherie.eu

茶葉帝國

❸ Mariage frères
瑪黑兄弟茶坊

從1854年以來，這裡一直是帶給大家世界各地精品茶葉的首驅。這家店是最先以櫃檯式陳列販售茶葉的店家。除了販售許多特別的混合花草茶，也可以找到不少禮盒、薰香、香氛蠟燭、各式軟糖、餅乾與巧克力等。品牌在巴黎市區共有四間茶室（分散於左岸、瑪黑區、凱旋門旁及羅浮宮內的購物廣場），同時也提供多樣鹹點，像抹茶鮭魚排或玉山高山茶煙燻鴨肉等料理。

◆地址：13, rue des Grands-Augustins, 75006 ◆電話：01 40 51 82 50 ◆地鐵站：Saint-Michel ◆網址：www.mariagefreres.com

乳酪的誘惑

❶ Barthélemy
芭提李米乳酪店

在僅僅20平方公尺的空間裡，擺放著店主乳酪達人妮可·芭提李米（Nicole Barthélemy）精心挑選的乳酪。你可以找到所有頂尖地區出產的，像聖內泰爾（saint-nectaire）、康塔爾（cantel）、聖馬塞蘭（saint-marcellin）、魯布洛遜（reblochon）、布理（brie），還有楓丹白露白乾酪（Fontainbleau，如香緹奶油滑順質地、適合塗抹的乾酪）。

◆地址：51, rue de Grenelle, 75007 ◆電話：01 42 22 82 24 ◆地鐵站：Rue du Bac

---

古早味麵包

❷ Boulangerie Paul
保羅麵包坊

這是一間風格簡單純樸，以傳承傳統法式烘焙好味道為主要概念的麵包店。除了堅果麵包、椒鹽捲餅、法國長棍、多穀雜糧麵包，也有甜點與維也納奶油麵包、沙拉、三明治可供內用或外帶。現任執行長法蘭西·赫德（Francis Holder）將個人的完美主義帶到麵包坊的設計中，運用黑色線條，混合古董感的家具布置，並謹慎熱誠地監督這個已經125歲的品牌。

◆地址：77, rue de Seine 或17, 21, rue de Buci, 75006 ◆電話：01 55 42 02 23 ◆地鐵站：Odéon ◆網址：www.paul.fr

---

乳酪專賣店

以下提供你可以品嘗市售各式超人氣乳酪的地方：

■安德羅埃(Androuet)：主打來自英國與瑞士的乳酪。（地址：37, rue de Verneuil, 75007；電話：01 42 61 97 55）

■乳酪絲線(Fil'O' Fromage)：可以找到比較重口味的芒斯特（munster）、聖索沃爾羊乳乾酪（saint-sauveur）、奧格硬式羊乾酪（agour）與洛克福乳酪（Roquefort）等。（地址：12, rue Neuve-Tolbiac, 75013；電話：01 53 79 13 35）

■精緻乳酪坊(L'affineur affiné)：推出另類簡便的中午特餐選擇，搭配果醬或水果乾的簡易乳酪盤。（地址：51, rue Notre-Dame-de-Lorette, 75009；電話：09 66 94 22 15）

■莫澤公司(Mozza& Co)：是一輛行動餐車，專賣濃郁奶香的莫扎瑞拉乳酪，都會停靠在路邊。（地址：11, quai Anatole-France, 75007；電話：06 50 02 50 53）

時尚與美妝
Mode & beauté

無論你要逛法國本地店舖，還是國際品牌的高級訂製服與成衣時裝，
或者想到舊衣店，以較平易近人的價格挖到名牌二手衣，
抑或尋找貼身衣物、手套或鞋子專賣店，來到巴黎準沒錯！
這裡連珠寶店都種類眾多，可依自己的喜好慢慢尋找，
即便是皇室御用的也不成問題。
其他諸如奇異夢幻的誇張飾品、古董收藏，想買什麼都有特別的門路。
巴黎這座城市，對熱愛時裝的人士來說，
就像之於美食愛好者，是一定要朝聖的時尚之都。
蒙田大道、聖奧諾黑街、格勒奈爾街、聖傑曼德佩大街等，
更是不可不知的血拼景點！
接下來，我們也會介紹一系列的美妝與香氛店家，
都是經過嚴格篩選、品質保證才敢推薦的。

Ladurée嚴選之嚴選　時尚與美妝

頂級時尚品牌包括普拉達（Prada）、克麗絲汀·迪奧（Christian Dior）、浪凡（Lanvin）、愛馬仕（Hermès）、香奈兒（Chanel）、路易·威登（Louis Vuitton）等，都是國際知名品牌，這些地方可以實現你的夢想衣櫃！

Prada 普拉達

普拉達（Prada）代表的是風格與一種精神，不只是一個名牌：除了典雅的黑洋裝外，及膝長外套、半長裙、煙管褲，還有喀什米爾兩件式針織上衣，都是品牌的經典。也別錯過高跟鞋、皮包、眼鏡和首飾。全套搭配在一起，絕對讓所有女人倍感幸福。

◆地址：10, avenue Montaigne, 75008
◆電話：01 53 23 99 40
◆地鐵站：Franklin D. Roosevelt
◆網址：www.prada.com

Christian Dior 克麗絲汀·迪奧

從1946年起，迪奧就等同法式高級服裝的同義字。以高雅的白與灰為主色調，搭配路易十六時期的風格擺設，整間旗艦店的裝潢與擺設宛如百寶箱。店裡也販售男女香水，以及品牌最頂級的私人香氛訂製系列。

◆地址：30, Avenue Montaigne, 75008
◆電話：01 40 73 7373
◆地鐵站：Franklin D. Roosevelt
◆網址：www.dior.com

Lanvin 浪凡

每每經過浪凡店面的櫥窗，總會感受到無限的驚喜，從高級成衣與訂製服、晚宴禮服、飾品配件等等，風趣地呈現當季服飾。上一任設計總監阿爾伯‧艾爾巴茨（Alber Elbaz）在過去十幾年間，將品牌推上新世紀的巔峰，將浪凡再次推向世人眼前，成為時尚界搶手的新星。

◆地址：15, 22, rue du Faubourg-Saint-Honoré, 75008
◆電話：01 44 71 33 33
◆地鐵站：Madeleine
◆網址：www.lanvin.com

Hermès 愛馬仕

最出名的皮件殿堂，也是凱莉包的家！愛馬仕還出淡香水、珠寶，更有家飾部門。這間位於第六區的門市，前身是老式游泳池，改建後成為其在巴黎的左岸旗艦店。櫥窗裡陳列的是限量的「再創造工坊（Petith）」，這是由部門藝術總監帕絲卡爾‧穆薩德（Pascale Mussard）發想的系列，全都是利用工作坊要丟棄的用料，再生製成實用的藝術品，包括燈飾、珠寶、文具等等，這的確是非常有品味與詩意的做法。

◆地址：24, rue du Faubourg-Saint-Honoré, 75008 或17, rue des Sèvres, 75006
◆電話：01 40 17 46 00或01 42 22 88 83
◆地鐵站：Madeleine或Sèvres-Babylone
◆網址：www.hermes.fr

Chanel 香奈兒

這是由人稱「時尚老佛爺」的卡爾‧拉格斐（Karl Lagerfeld）所主導的全方位品牌。香奈兒最知名的是美麗如藝術品的成衣系列、喀什米爾的兩件式針織套裝。當然還有瑪麗蓮‧夢露最愛的第五號香水和化妝品系列。幸運的話，你還可以見到讓香奈兒女士腿軟的螺旋樓梯與鏡子牆。

◆地址：31, rue Cambon, 75001
◆電話：01 44 50 70 00
◆地鐵站：Madeleine
◆網址：www.chanel.fr

Louis Vuitton 路易‧威登

這間位在左岸聖傑曼德佩的分店如同香榭大道上的本店，備有齊全的皮包與旅行箱系列，也有品牌於2000年起推出的高級成衣系列。除了行李箱與時尚配件，這間店最特別的是因為左岸藝文的地緣關係，特別開闢了文具與書房飾品。在這裡，從50歐元的圍巾到2,000歐元的行李箱都找得到。銷售服務員也都非常親切，會貼心詢問是否要喝咖啡或水，也是我們這麼喜歡來這裡逛街的原因，真是太舒服了！

◆ 地址：6, Place Saint-Germain-des-Prés, 75006
◆ 電話：01 45 49 62 32
◆ 地鐵站：Saint-Germain-des-Prés
◆ 網址：www.louisvuitton.fr

肌膚之親

❤️①Azzedine Alaïa
阿澤丁·阿萊亞

阿澤丁·阿萊亞（Azzedine Alaïa）是1980年代最具指標性的服裝設計師，他著名的設計是量身訂做與手工縫紉的細膩感，而品牌現在出品高級訂製服系列。他創造了高雅又女性化的身影，尤其身著他的洋裝，貼身的剪裁宛如另一層皮膚。這家店位在瑪黑區的正中心，夾在摩西街（rue de Moussy）與瓦赫里街（rue de la Verrerie）中，室內還有許多美國藝術家朱利安·施納貝爾（Julian Schnabel）的畫作。

◆地址：18, rue de la Verrerie, 75004 ◆電話：01 42 72 19 19 ◆地鐵站：Saint-Paul ◆網址：www.alaia.fr

前衛選貨店

♠️②L'Éclaireur
先鋒選貨店

這裡的品牌非常廣泛：服飾有亞歷山大·麥昆（Alexander McQueen）、亞麗珊卓·維格納（Alexandra Wagner）、安·維雅麗·哈許（Anne Valerie Hash）、巴黎世家（Balenciaga）、卡紛（Carven）、思琳（Celine）、德賴斯·范諾頓（Dries Van Noten）；家飾有來自義大利的皮耶羅·佛納塞堤（Piero Fornasetti），也有法國香氛大師費德瑞·馬瑞（Frederic Malle）的香水系列；飾品則有黎巴嫩設計師蘿莎·瑪麗雅（Rosa Maria）的作品。創辦人亞曼（Armand）與瑪汀·哈蒂達（Martine Hadida）在1980年開創了這家頂級選貨店，店面位在皇家路（rue Royale）與聖多諾黑區街（rue du Faubourg Saint-Honoré）中間，此處是時尚之都的中心，也是高級成衣的一級戰區。

◆地址：18, rue Boissy-d'Anglas, 75008 ◆電話：01 53 43 03 70 ◆地鐵站：Concorde ◆網址：www.leclaireur.com

性感色彩

♣️③Marni 瑪尼

1994年由康思維洛·卡斯提歐尼（Consuelo Castiglioni）創立，這是義大利最年輕摩登的品牌之一，除了基本的服裝、皮包，還有具現代感的首飾與配件。品牌最出名的是使用印花與高質感的布料、完美的裁縫收針，以及不對稱卻女性化的立體剪裁。在色彩的運用上，靈活呈現鮮綠色、海洋藍、大紅等大膽顏色。

◆地址：57, avenue Montaigne, 75008 ◆電話：01 56 88 08 08 ◆地鐵站：Franklin D. Roosevelt ◆網址：www.marni.com

印花天才
❶ Pucci 普奇

由佛羅倫斯當地的侯爵，被稱為「永遠的印花王子」的艾米里歐‧普奇（Emilio Pucci）於1947年創立的品牌。自品牌創立以來，最知名的一直都是亮眼的印花與幾何圖案。大家鍾愛他們的絲巾、全套的滑雪裝、雪靴。鮮艷又迷幻的色彩與延展性極佳的布料，這個品牌從一開始就意識到實用與美感的結合。現任創意總監彼得‧登達斯（Peter Dundas）堅持讓品牌保有每日美艷穿搭的風格。

◈地址：46-48, avenue Montaigne, 75008 ◈電話：01 47 20 04 45 ◈地鐵站：Franklin D. Roosevelt ◈網址：www.emiliopucci.com ◈其他：彼得‧登達斯（Peter Dundas）目前已離開，由馬西莫‧喬爾格蒂（Massimo Giorgetti）接手。

洋裝皇后
❷ Diane von Fürstenberg 黛安‧馮‧佛絲登寶格

這裡有設計師最出名的經典洋裝，樣式簡單大方，材質從棉質、純黑或印花布都有。而裙子、上衣、長衫等款式，則有著1970年代風格的花紋。堅持「洋裝最能展現女性之美」的

黛安‧馮‧佛絲登寶格（Diane von Fürstenberg）於1997年創立了同名成衣品牌，推出現已成為經典的深V包覆式洋裝（wrap dress），當然也別錯過鞋子、皮包、圍巾、太陽眼鏡等配件。

◈地址：29, rue François-1er, 75008 ◈電話：01 40 70 00 90 ◈地鐵站：Franklin D. Roosevelt ◈網址：www.dvf.com

極度雅致
❸ Paul Smith 保羅‧史密斯

在巴黎，此品牌的英倫男裝深得時尚愛好者的心：經典西裝、酒紅色雙排釦西裝、碎花襯衫、條紋襪與英式皮鞋，全都是必備款。我們也很喜歡這裡不僅僅是陳列，還風趣且會說故事的櫥窗，就像品牌本身巧妙融合貴族氣息，但又帶有媚俗感的精神。這間店的設計與倫敦阿爾伯馬爾街（Albemarle street）上的旗艦店很類似，走的是古董收藏風格。

◈地址：22, boulevard Raspail, 75007 ◈電話：01 53 63 08 74 ◈地鐵站：Rue du Bac ◈網址：www.paulsmith.co.uk

訂製精神

❶ Alexis Mabille
艾歷克西斯‧馬畢

位在第七區最時尚的地段，這家店除了品牌著名的領結，還有展售絲綢洋裝、牛仔褲、皮帶、絲巾、首飾及皮包等。設計師艾歷克西斯‧馬畢（Alexis Mabille）曾在迪奧、聖羅蘭以及蘭蔻旗下工作，主要從事中性服飾的設計。2005年時決定創立自己的同名品牌，並且推出成衣與高級訂製服系列。

◆地址：11, rue de Grenelle, 75007 ◆電話：01 42 22 15 29 ◆地鐵站：Sèvres-Babylone ◆網址：www.alexismabille.com

時尚巴黎女孩

❷ Carven 卡紛

品牌於1945年由卡門‧狄‧湯瑪索（Carmen de Tommaso）創立。最先只有推出訂製服，但為了提供女士們每天日常生活穿著的選擇，延伸至成衣系列。我們現在熟悉的Carven（卡紛）式學院風，巧妙的混合正式以及未來感的穿搭，是2009年設計師紀堯姆‧亨利（Guillaume Henry）接任創意總監職位後開始的風格。他也在2012年首度推出男裝。現在品牌重新

定位，分店已遍布國際時尚重鎮。

◆地址：8, rue Malher, 75004 ◆電話：01 42 77 97 65 ◆地鐵站：Saint-Paul ◆網址：www.carven.fr

時尚趣味

❸ Marc Jacobs
馬克‧雅各布斯

美國設計師馬克‧雅各布斯（Marc Jacobs）在絕佳位置皇家宮殿（Palais-Royal）裡設立分店。店裡的簡約風格正好完美襯托服飾。店裡每一季的風格都不同，從放克、頹廢、美式調皮，到法式優雅，都曾出現。另外，品牌也推出較年輕、有個性的副牌小馬克（Marc by Marc Jacobs），還有Stinky Rat以及Little Marc Jacobs童裝線。香水系列也很受到歡迎。

◆地址：34, rue Montpensier, 75001 ◆電話：01 55 35 02 60 ◆地鐵站：Palais-Royal ◆網址：www.marcjacobs.com ◆其他：副牌已停止生產

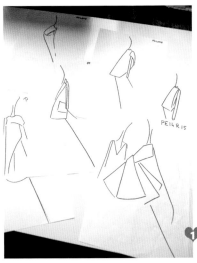

建構式線條

❶ Maison Rabih Kayrouz
拉比・卡弗羅茲

品牌黎巴嫩設計師拉比・卡弗羅茲（Rabih Kayrouz）的作品深受歡迎！他在1994年獲得法國工業部授予高級訂製服設計師的肯定後，決定回到家鄉貝魯，直到2009年才又回到巴黎創立私人工作室，並且推出成衣系列。

◆地址：38, boulevard Raspail ◆電話：01 45 48 21 00 ◆地鐵站：Rue du Bac ◆網址：www.maisonrabihkayrouz.com

波西米亞風

❷ Tsumori Chisato
津森千里

這是最巴黎的日式時尚。設計師津森千里（Tsumori Chisato）從東京的文化服裝學院畢業後，1977年，旋即進入三宅一生旗下工作，2003年正式進軍巴黎時裝周。現在，她已在世界各地開設多家門市。

◆地址：24, rue de Sèvres, 75007（1F Le Bon Marche Rive Gauche） ◆電話：01 45 48 05 43 ◆地鐵站：Sèvres-Babylone ◆網址：www.tsumorichisato.com

巴黎時尚夢

巴黎是個吸引、集合世界各地創意人士與設計師的地方，更不乏剛畢業就來此追夢的新鮮人。從台裔美國設計師王大仁（Alexander Wang）曾入主知名的法國品牌巴黎世家（Balenciaga），比利時人西德瑞・查理耶（Cedric Charlier）則擔任過平價服飾樂都特（La Redoute）的客座設計師。義大利的馬可・薩尼尼（Marco Zanini）曾是艾爾莎・夏帕瑞麗（Elsa Schiaparelli）品牌的藝術總監。當然也不能忽略巴黎歌劇與戲劇院的總服裝設計愛德蓮・安卓（Adeline André）。巴西裔的葛斯塔佛・林斯（Gustavo Lins）於2012年，曾以法國著名的賽佛爾瓷器製作一整件裙裝。出身北京，但從小隨家人移居法國的殷亦晴（Yiqing Yin），是已獲得法國工業部授予高級訂製時裝肯定的設計師。出身黎巴嫩的艾利・薩博（Elie Saab），還有曾在巴黎世家（Balenciaga）、雪萊（Scherrer）與克里斯汀・拉克瓦（Christian Lacroix）等品牌工作的摩洛哥裔布希哈・加拉爾（Boucha Jarrar），也於2010年自創同名品牌。

五〇年代收藏

❶ Renaissance
萬麗古董衣店

1989年由柯琳・比通（Corinne Than Thong）所創立的古董衣店，集合高級訂製服與珠寶：克麗絲汀・迪奧（Christian Dior）、艾爾莎・夏帕瑞麗（Elsa Schiaparelli）、伊夫・聖羅蘭（Yves Saint Laurent）、浪凡（Lanvin）、紀梵希（Givenchy）等等，另也有如愛馬仕皮包等古董高級配件。位在左岸藝術古董區的正中心，地點隱祕。

◆地址：14, rue de Beaune, 75007 ◆電話：01 42 60 95 49 ◆地鐵站：Rue du Bac ◆網址：www.renaissance75007.com

精品名牌

❷ Dépôt Vente Luxe
奢華古董衣販售倉

都是名牌古董衣，從香奈兒（Chanel）、愛馬仕（Hermès）、古馳（Gucci）、聖羅蘭（Yves Saint Laurent）、普拉達（Prada）、蒂埃里・穆勒（Thierry Mugler）、席琳（Celine）到克羅伊（Chloé）等等品牌眾多。於1993年創立，現在也提供同步網路商店購物的服務，讓大家可以不出門，透過電腦即可購買，快速又方便。

◆地址：171, rue de Grenelle, 75007 ◆電話：01 45 55 63 47 ◆地鐵站：La Tour-Maubourg ◆網址：www.mondepotvente.com

平價高級訂製服

❸ La Jolie Garde-Robe
茉莉衣櫃

這個奇幻店家販售很多種類的商品，從1900～1980年出品的服裝都有，絕對是值得來尋寶的好地方。洋裝、夾克、襯衫、西裝、鞋子、童裝與許多五〇與六〇年代的服飾，平均單價大約150歐元。幸運的話，還可以用很親民的價格買到古董高級訂製服！

◆地址：15, rue Commines, 75003 ◆電話：01 42 72 13 90 ◆地鐵站：Saint-Sébastien-Froissard

羅曼蒂克風
❶ L'Ibis rouge
紅鶊鳥精品店

位於樂蓬馬歇（Bon Marche）百貨以及左岸熱鬧的聖傑曼德佩區中間，這間小小的精品店是店主維維安·丹迪衛（Vivienne Dandievel）的小天地。我們可以稱她為「時尚古董商」，專門收藏獨特不尋常的單品，尤其以珠寶與飾品居多。她的另一個嗜好是找尋古董婚紗、帽子、皮包、頭紗與蕾絲。這個地方讓平時短暫美麗的時尚變成更恆久的片刻，永遠停留在我們心中。

◇地址：35, boulevard Raspail, 75007
◇電話：01 45 48 98 21 ◇地鐵站：Sèvres-Babylone

迷你博物館
❷ Didier Ludot
帝帝耶·路德精品店

走入這個藝廊，裡面陳列著美麗的古董外套、洋裝、飾品、皮包、鞋子、皮件、珠寶與各式男裝。店主人帝帝耶·路德（Didier Ludot）從1975年進駐這間店面，現已成為大家買賣貴重古董衣的第一選擇。在這裡也要提醒大家，店面的入口有些隱祕，要走進皇家宮殿（Palais-Royal）的圍欄內側才能找到。

◇地址：24, Galerie Montpensier, 75001
◇電話：01 42 96 06 56 ◇地鐵站：Palais-Royal 網址：www.didierludot.fr

古董市集

在聖圖安（Saint-Ouen）跳蚤市場裡有兩個值得一訪的攤位，都位在專門販售高級服飾的賽貝特（Marché Serpette）區域裡：

■ 傻女孩古著珠寶配飾店（Artémise et Cunégonde，第一走道，28號攤位）：店名出自1893年出版的第一本法國漫畫《費努亞一家（La Famille Fenouillard）》，當中主角阿媞米斯（Artémise）和曲內瓏德（Cunégonde）。你可以在此店找到1920年代至今的各式洋裝、大衣外套、襯衫、飾品、襯裙、手提包與古董珠寶。

■ 派翠西亞·阿特伍德（Patricia Attwood，第二走道，7號攤位）：這個迷你攤位走的是六〇年代復古風，從珠寶配件、皮包、連迪奧的襯衫、聖羅蘭的夾克，還有洋裝都可以在這邊看到。

性感時尚

❶ Chantal Thomass
香緹兒‧湯瑪斯
精品內衣店

時尚界的明星造型師香緹兒‧湯瑪斯
（Chantal Thomass）最出名的，就是
她設計的性感精品內衣，不但結合優
雅氣質與永不退流行的經典元素，又
帶有幽默感。粉紅色的店內販售的設
計全都走細緻性感風，從室內拖鞋、
陽傘、內衣、吊帶襪、束腰馬甲、緊
身胸衣、蕾絲絲襪以及緊身衣都有，
配上裙邊、百褶邊、蕾絲，更是絕對
巴黎女人味。

◆地址：211, rue Saint-Honoré, 75001
◆電話：01 42 60 40 56 ◆地鐵站：
Tuileries ◆網址：www.chantalthomass.
fr

粉色甜心

❷ La Paresse en douce
私密慵懶精品店

店裡全是女主人珍妮‧賀達（Jeanne
Haddad）最喜歡的私藏選物：各式
棉紗、麻布的便裝與家飾，顏色偏向
單色調，而不追隨流行。這邊大多是
從義大利進口的商品，包括被套、床
單、枕頭套、餐墊、毛巾、拖鞋與
襪子、絲綢，或是羊毛喀什米爾的睡
衣、毯子，甚至還有茶具、瓷器等。

◆地址：97, rue du Bac, 75007 ◆電話：
01 42 22 64 10 ◆地鐵站：Rue du Bac

女性連身塑身衣的小歷史

這一切都要從第二次世界大戰之後開始講起。一位法國時裝設計師兼香水調香
師瑪薩爾‧羅莎（Marcel Rochas），為好萊塢女星與性感偶像梅‧蕙絲（Mae
West）設計了一件緊身胸衣。同時期，克麗絲汀‧迪奧（Christian Dior）引領了
「新風貌（New Look）」的風潮，除了在設計上特別著重女性圓滑的肩線，更凸
顯纖細的腰圍與臀部的比例。這是沒有連身塑身衣無法達到的身型。這個設計也
為紡織業帶來許多新的可能性，尤其是延展性極佳的尼龍布料，其發明因此與性
感沾上邊。自從香緹兒‧湯瑪斯（Chantal Thomass）推翻內衣的設計並獲得一致
好評，貼身衣物不再只是內在美，而可以當成時裝，其他時裝設計師，像尚‧保
羅‧高堤耶（Jean Paul Gaultier）就曾為瑪丹娜量身打造一套，令大家印象深刻的
內衣外穿舞台表演服。

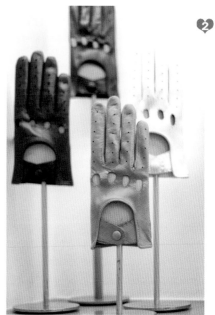

頂上添花

❤①La Cerise sur le chapeau
帽子上的櫻桃帽飾店

在這邊可以找到多款男女軟氈帽與巴拿馬帽，顏色更是如彩虹般多樣。該品牌的另一個特色是網路商店的服務，可在網站上選購適合冬季防風的「Trendy」軟氈款式，或是夏季避暑的藤編草帽等。如果是親自來到店裡選購，只要願意多等一個小時，即可享受這些現場客製服務。

◆地址：11, rue Cassette, 75006 ◆電話：01 45 49 90 53 ◆地鐵站：Saint-Sulpice ◆網址：www.lacerisesurlechapeau.com

手套之星

❤②Maison Fabre
法博手套店

這裡在1930～1970年曾是國際知名的手套重鎮。艾提恩・法博（Etienne Fabre）羊皮手套，現在已轉交由他的兒子丹尼斯（Denis）以及媳婦蘿絲（Rose）經營，是享譽國際與時尚圈的品牌，更曾與克麗絲汀・迪奧（Christian Dior）合作。近期的作品包括為妮可・基嫚（Nicole Kidman）設計，在2013年《為愛璀璨：永遠的葛麗絲（Grace of Monaco）》電影裡

的手套，而摩納哥王妃在世時的確也曾配戴該品牌。造型師香緹兒・湯瑪斯（Chantal Thomass）也聯名設計過一系列靈感來自於尚・考克多（Jean Cocteau）的經典電影《美女與野獸（La Belle et la Bête）》的手套。

◆地址：128-129, Galerie de Valois, 75001 ◆電話：01 42 60 75 88 ◆地鐵站：Palais-Royal ◆網址：www.maisonfabre.com

輕盈舞步

❸Repetto
麗派朵芭蕾舞鞋店

這間位於第六區的分店是麗派朵（Repetto）在和平街（rue de la Paix）、巴黎歌劇院外總店的小妹妹。兩間店的風格相似，都可以找到小女孩們最愛的芭蕾舞裙、芭蕾平底軟鞋以及足尖鞋。自2012年開始，品牌還多了成衣系列。這是蘿思塔・麗派朵（Rosetta Repetto）在1947年時成立的品牌。她是編舞家與舞蹈家羅蘭・沛提（Roland Petit）的母親。現在也常與各大時裝品牌合作推出聯名系列。

◆地址：51, rue du Four, 75006 ◆電話：01 45 44 98 65 ◆地鐵站：Saint-Sulpice ◆網址：www.repetto.fr

流行指標

❶ Colette 柯蕾特選貨店

這邊已成為來到巴黎尋找獨家限定商品的必訪之地！從服裝、出版品、香水、音樂唱片、美妝、設計小物，連高科技產品都有販售。這邊大部分的產品都是少量，甚至有獨一無二的超級限量品。這家選貨店是1997年由母女檔柯蕾特·羅梭（Colette Rousseaux）與莎拉·安德曼（Sarah Andelman）創立。店裡的品牌包括：愛迪達（Adidas）、巴寶利（Burberry）、拉科斯特（Lacoste）、蒙克蘭（Moncler）、趣味飾品雅茲步琪（Yazbukey）、小帆船（Petit Bateau）等等。

◇ 地址：213, rue Saint-Honoré, 75001
◇ 電話：01 55 35 33 90 ◇ 地鐵站：Tuileries或Pyramides ◇ 網址：www.colette.fr

紅底鞋履

❷ Christian Louboutin 克里斯提安·盧布登

現在大家風靡的紅底鞋品牌，是設計師克里斯提安·盧布登（Christian Louboutin）1992年在巴黎開設這間本店時誕生的。如今紅底鞋已經在世界各地上百家精品店內可以買到，也有多家店只專門販售該品牌的男鞋。近期的跨界合作包括與巴黎瘋馬秀，還有迪士尼電影，當然也不乏與多位音樂影視界的重量級藝術家聯手設計。品牌也曾經和Ladurée一起推出限量馬卡龍口味，以及特別款包裝盒。

◇ 地址：38-40, rue de Grenelle, 75007
◇ 電話：01 42 22 33 07 ◇ 地鐵站：Rue du Bac ◇ 網址：www.christianlouboutin.com

完美無暇

❸ Goyard 戈雅

戈雅（Goyard）的本店是巴黎市裡歷史最悠久的皮革世家，已在精品聚集的聖多諾黑街同址營業180年了！從旅行箱、皮件到寵物的專屬配件，店裡應有盡有，但最為人知的絕對是最初由愛德蒙·戈雅（Edmond Goya）設計，印有徽章圖案的經典帆布手提袋。這種材質的製作方式至今仍是品牌的家傳祕方！承襲品牌對完美嚴苛的要求，現仍提供訂製服務，以達到顧客的需求。

◇ 地址：233, rue Saint-Honoré, 75001
◇ 電話：01 42 60 57 04 ◇ 地鐵站：Tuileries ◇ 網址：www.goyard.com

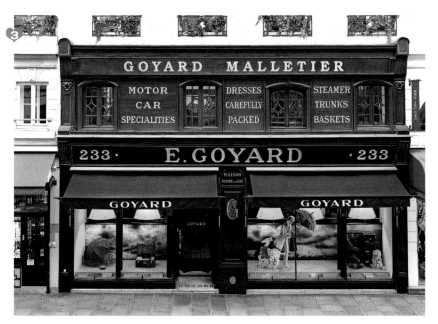

高級飾品
❶ La Droguerie
五金行飾品店

這個巴黎品牌誕生於1975年，而店舖的集合販售概念也迅速的散布於世界各地，目前已風靡日本手工藝同好，甫於2014年才慶祝了品牌的22歲生日。來這裡尋寶的不外乎時裝設計師、熱愛手製飾品或編織愛好者。這邊販售有各式材料：珠珠、鈕釦、緞帶、彩色羅紋帶，以及各種針線，最棒的是顏色非常齊全，有數不清的選擇！

◆地址：9-11, rue du Jour, 75001 ◆電話：01 45 08 93 27 ◆地鐵站：Les Halles ◆網址：www.ladroguerie.com

精緻緞帶
❷ Mokuba 木馬緞帶店

mokuba在日文裡是木馬的意思，但對於時尚愛好者來說，絕對會聯想到這家高級緞帶專賣店。這間別緻的店面位於蒙托格依（Montorgueil）地段的中心，夾在舊中央市場（Les Halles）與勝利廣場（Place des Victoires）中間，這整個地區正是以時尚聞名。各色的緞帶、羅紋帶、蕾絲花邊和流蘇，依照風格與顏色整齊陳列在牆上的木頭軸上。在選購時，店員會協助裁剪你想要的緞帶種類以及長度，並再次將其捲起成一球，放入回收紙製的小袋子，很貼心又別緻的包裝！

◆地址：18, rue Montmartre, 75001 ◆電話：01 40 13 81 41 ◆地鐵站：Étienne-Marcel ◆網址：www.mokuba.fr

左岸精品
❸ Arty Dandy
藝術丹迪精品店

藏身在巴黎左岸的布料商區，這是此店在聖傑曼德佩的分店。這裡整齊排列著精選的時尚產品、設計與藝術風格小物：查里斯·喬登（Charles Jourdan）兒童鞋、安妮·托瑪斯（Anne Thomas）珠寶，還有各式手工藝品、文具、鑰匙圈、小包包、香氛蠟燭，也有一系列的Ladurée托特包。

◆地址：1, rue de Furstenberg, 75006 ◆電話：01 43 54 00 36 ◆地鐵站：Saint-Germain-des-Prés ◆網址：www.artydandy.com

珠寶花園

❤❶ Dior Joaillerie
par Victoire de Castellane

迪奧維多麗亞・德・
卡斯特蘭珠寶店

自維多麗亞・德・卡斯特蘭（Victoire
de Castellane）1998年擔任迪奧高級
珠寶的藝術總監起，她的設計就不斷
顛覆傳統高級珠寶的定義。她將生硬
的珠寶變成像花一樣的胸針、立體戒
指、羽毛扇式項圈。其中的經典系列
「親愛的迪奧（Dear Dior）」是珠寶
中的高級訂製服，還有以玫瑰花為主
題的「巴加特勒胡的迪奧玫瑰（Rose
Dior Bagatelle）」系列，是以珠寶向
迪奧先生鍾情的玫瑰花園致敬。

◆地址：8, Place Vendôme, 75001 ◆電
話：01 42 96 30 84 ◆地鐵站：Opéra ◆
網址：www.dior.com

個性珠寶

❤❷ La Galerieparisienne
巴黎女人珠寶藝廊

走進店裡，瑪麗雅・伯傑（Maria
Pergay）的燈飾就擺放在艾麗西雅・
穆（Alicia Moi）的玻璃杯旁，而來自
艾琳・加尼葉（Aline Gagnaire）的屏
風旁，即陳列著從二十世紀至今的各
式珠寶，包括：寶格麗的長項鍊、雷
尼・波凡（Rene Boivin）的手鍊、梵

克雅寶的全套首飾、查爾斯五世的手
環等等。

◆地址：26, rue de Seine, 75006 ◆電
話：01 43 29 92 18 ◆地鐵站：Saint-
Germain-des-Prés ◆網址：www.
lagalerieparisienne.fr

珍珠之洋

❤❸ Mikimoto
御木本珍珠

位在巴黎最高雅的廣場之一，
Mikimoto（御木本）有著公認最完美
的養殖珍珠珠寶。店裡的抽屜櫃裡藏
著分別用阿古屋珍珠、黑珍珠、白
色、金黃色南洋珠或者變形珠所製
成的項鍊、戒指、長鍊與耳環等。至
今，品牌已創立一個世紀多，創辦人
御木本幸吉（Kokichi Mikimoto）於
1899年在東京銀座開了首間旗艦店，
同時籌辦各式日本文化工藝展。

◆地址：8, Place Vendôme, 75001 ◆電
話：01 42 60 33 55 ◆地鐵站：Opéra ◆
網址：www.mikimoto.fr

寶石愛戀

❤① Marie-Hélène de Taillac
瑪麗海蓮・德・泰拉克
飾品店

瑪麗海蓮・德・泰拉克（Marie-Hélène de Taillac）的每個作品，從戒指、手環、耳環、頸圈等等，都是獨一無二的手工設計。她喜歡運用水湖藍寶、綠晶石、水晶、鑽石以及各種糖果色般的寶石創作！現場也可以製作姓名縮寫的雕刻。

◇地址：8, rue de Tournon, 75006 ◇電話：01 42 27 07 07 ◇地鐵站：Odéon ◇網址：www.mariehelenedetaillac.com

自然系飾品

❤② Naïla de Monbrison
奈拉・德・孟布松飾品店

這間珠寶藝廊代理許多民族風設計師的作品，如塔希爾・查米瑞克（Taher Chemirik）、凱薩琳・勒・古（Catherine Le Gal）與潔洛汀・樂登巴雀（Géraldine Luttenbacher）。店主人奈拉・德・孟布松（Naila de Monbrison）非常喜愛各式金屬飾品，無論是否貴重，結合多媒材如銅、玻璃、木頭，設計出多種組合。正因這裡的珠寶是會說故事、有意義的藝術品，會欣賞這裡飾品的都是非常有品味的收藏家！

◇地址：6, rue de Bourgogne, 75007 ◇電話：01 47 05 11 15 ◇地鐵站：Varenne ◇網址：www.naila-de-monbrison.com

細緻精巧

❤③ Junco Yamada
山田淳子飾品店

這個迷你空間是工作室也是店面，而珠寶部分，有貴重的寶石，也有較親和的半寶石，風格是我們很喜歡的日系精巧風，店裡面根本就是阿里巴巴的百寶庫！店主人曾經是服裝造型師，她的設計大多是限量版本，所以更加寶貴！復古又現代的設計，宛如童話故事般，飾品細緻且浪漫！

◇地址：10, rue de Poitou, 75003 ◇電話：01 44 78 08 48 ◇地鐵站：Filles du Calvaire或Saint-Sébastien-Froissard

自然系美妝
❶ Shu Uemura
植村秀化妝品

植村秀位於巴黎的總店，由師承建築大師科比意的設計師尚-路易・維勒（Jean-Louis Véret）設計。植村秀於1967年先創立日本化妝公司（Japan Makeup），1982年才更名為植村秀化妝品公司（Shu Uemura Cosmetics），明星商品是卸妝油、粉底膏，以及沿用漢醫藥草學製作的保養品。品牌也深受名人愛戴，瑪丹娜曾經訂製一副鑽石假睫毛，「時尚老佛爺」卡爾・拉格斐（Karl Lagerfeld）更在2012年，與植村秀聯名推出一系列以他的愛貓秋佩特（Choupette）為主題的彩妝。

◈ 地址：176, boulevard de Saint-Germain, 75006 ◈ 電話：01 45 48 02 55 ◈ 地鐵站：Saint-Germain-des-Prés ◈ 網址：www.shuuemura.com

美妝殿堂
❷ Sephora
絲芙蘭彩妝店

這絕對是巴黎最大的美妝與香氛指標性店面，坐落於香榭大道上，這裡從嬌蘭（Guerlain）、紀梵希（Givenchy）、克麗絲汀・迪奧（Christian Dior）都應有盡有。當然也不能錯過Ladurée的美妝系列！

◈ 地址：70-72, avenue des Champs-Élysées, 75008 ◈ 電話：01 53 93 22 50 ◈ 地鐵站：George-V或Franklin D. Roosevelt ◈ 網址：www.sephora.com

植物精華
❸ Aesop 伊索保養品店

創立於1987年，這家源自墨爾本的保養品專賣店至今仍在澳洲製作包裝。包辦了全身從臉部、身體到頭髮的護理，也有一系列很棒的紳士專用保養品，尤其推薦臉部的保濕蜜柑水潤乳霜。這裡的店面和世界各地的分店風格相同，大量使用天然建材呈現簡約的設計，於店中飄著馬拉喀什馥郁系列淡香水誘人的味道。

◈ 地址：20, rue Bonaparte, 75006 ◈ 電話：01 44 41 02 19 ◈ 地鐵站：Saint-Germain-des-Prés ◈ 網址：www.aesop.com

古色古香
❶ Buly 布理香氛店

1787年成立的Officine universelle Buly品牌，早在十九世紀時即因尚維森‧布理（Jean-Vincent Bully）研發的淡香精而聞名。現在，維多麗‧德‧泰拉克（Victoire de Taillac）與羅旦‧杜阿米（Ramdane Touhami）重振了這個品牌，延續Buly（只剩一個L）的精神與傳統，以最好的原料生產香氛與保養品。各式精油、淨膚土、香水都擺放在大櫃子上，旁邊陳列著大理石杯裝的香氛蠟燭，香皂則用紙包著。蠟燭緩緩飄散的獨特香氣，使整間屋子彌漫著迷幻的東方香氣。

◈地址：6, rue Bonaparte, 75006 ◈電話：01 43 29 02 50 ◈地鐵站：Saint-Germain-des-Prés ◈網址：www.buly1803.com

香氛作家
❷ Frédéric Malle 佛德列克‧麥香氛店

秉持著「簡約香水」的宗旨，店裡只販售最原創與特別的味道。店主人佛德列克‧麥（Frederic Malle）如同總編輯般，挑選最適合品牌精神的調香生產。約二十多款香水全以訴說個人故事的方式命名：尚-克羅德‧艾連納（Jean-Claude Ellena）調製的「雨

中的安潔麗」、莫利斯‧羅瑟調配的「在你的懷裡」等等。香氛蠟燭則引用文學作品為靈感，像卡羅斯‧本納姆（Carlos Benaïm）的《聖之聖》（Saint des saints）」等。

◈地址：21, rue du Mont-Thabor, 75001 ◈電話：01 42 22 16 89 ◈地鐵站：Tuileries或Concorde ◈網址：www.fredericmalle.com

巴黎的小佛羅倫斯
❸ Amin Kader 阿曼‧凱德保養品店

來自佛羅倫斯的聖塔瑪莉亞諾維拉（Officina Profumo Farmaceutica di Santa Maria Novella），其著名的產品如香水、乳霜、乾燥花香包、藥草膏、香皂等，在這間店中都被美麗紙張包好，再小心翼翼放入裝有乾燥玫瑰花瓣的盒子裡。時裝設計師阿曼‧凱德（Amin Kader）早在1992年，便開始在其巴黎市的二十多家店中販售這個歷史悠久，1612年創立的經典義大利保養品牌。

◈地址：2, rue Guisarde, 75006 ◈電話：01 43 26 27 37 ◈地鐵站：Saint-Germain-des-Prés ◈網址：www.aminkader.fr

家飾

Décoration

無論是古典風或現代感的家具店，販售稀有裝飾品、蠟燭與擴香的精品店，
抑或專門生產餐桌上的瓷器與水晶的古老品牌，
還有拍賣會，甚至轉角的花店……
一直以來，Ladurée對室內裝飾品情有獨鍾。
以下這些精彩的店家，都曾參與設計、裝潢Ladurée各家店面與茶室，
從布料織品、油漆及壁紙的供應商，到燈具廠商都有。
同時，也不能錯過販售古董擺飾小物、當代設計藝術品等的藝廊，
當然在跳蚤市集隨意逛逛，也很容易找到一些寶物。

Ladurée嚴選之嚴選 　家飾

巴卡拉（Baccarat）、柏圖（Bernardaud）、克里斯多芙（Christofle）這
三個法式工藝的頂尖代表，分別是以製造水晶、瓷器與銀飾聞名的高級
家飾品牌。每當要為節慶布置餐桌，或尋找禮物時，去一趟這些名店準
沒錯。如果你對拍賣會有興趣，則歡迎來德魯奧（Hôtel Drouot）拍賣行
或艾德（Artcurial）拍賣公司。這兩間公司定期舉行主題拍賣展售會，
拍賣的品項包括家具、畫作、古書、餐桌上的藝術品、考古物、郵票與
古董布料等。

Maison Baccarat 巴卡拉水晶展館

一踏入這裡，目光馬上被華麗隆重的階梯所吸引。這裡曾是著名的二十
世紀藝術界支持者：瑪麗勞瑞·德諾雅伊（Marie-Laure de Noailles）
子爵夫人的私宅，現在則由當代設計大師菲利普·史塔克（Philippe
Starck）重新詮釋。館內的展示沙龍、一樓的宴會廳，以及敘述公司歷
史的小型美術館裡，陳列著透明或彩色的水晶餐桌器皿、燈飾。二樓另
有水晶坊餐廳，餐點由米其林大廚紀·馬丹（Guy Martin）與亞垂安，
馬納奇（Adrien Manac'h）負責。

◆ 地址：11, Place des États-Unis, 75116
◆ 電話：01 40 22 11 00
◆ 地鐵站：Boissière
◆ 網址：www.baccarat.fr

Bernardaud 柏圖頂級瓷器

創立於1863年，這個家族世代傳承著精品瓷器事業，除了製造現代感的瓷器，更持續生產經典復刻款式，並且依照以前為皇室服務時的手工繪製精心製作。最出名的是「歷史咖啡杯」與「植物園」餐盤系列。 品牌各式限定商品、陶瓷飾品，以及會散發香氛的陶瓷燭台小燈，在位於巴黎的兩間專賣店內，或是大型百貨公司都有販售。

◆ 地址：11, rue Royale, 75008與60, rue Mazarine, 75006
◆ 電話：01 47 42 82 66 與 01 46 33 94 36
◆ 地鐵站：Concorde或Saint-Germain-des-Prés
◆ 網址：www.bernardaud.fr

Christofle 克里斯多芙銀器店

位在皇家路上的品牌旗艦店於1897年設立，在這裡可以找到頂級純銀或鍍銀餐具、新生兒的銀器禮物，還有銀製的筆、燭台、相框等等，另有由安德雷‧普特曼（Andrée Putman）於2005年設計的925系列銀戒。自從1830年成立以來，品牌執著於追求完美，更在1851年被拿破崙三世專聘，為杜樂麗皇宮製作4,000件鍍銀單品。

◆ 地址：9, rue Royale, 75008
◆ 電話：01 55 27 99 13
◆ 地鐵站：Concorde
◆ 網址：www.christofle.com

Hôtel Drouot 德魯奧拍賣行

這裡對Ladurée來說可是個百寶庫，總是可以來此找到最適合妝點品牌旗下無數茶室的裝飾品。如同阿里巴巴的藏寶洞，隱身在一個藝廊與古董店集合的地段，也是巴黎最能競標舊貨的好地方。從地下室到一樓、二樓的展售空間，只是商品的暫時歇腳處，過不了多久，就會被有緣人掃貨買回家。這裡可找到各種記錄著十八世紀至今的風華年代物品：家具、畫作、銀器、裝飾品、燈具、版畫、屏風、地毯與高級訂製華服。心動不如行動！這邊的價格可以說是非常經濟實惠，看到喜歡的就快點下手！

◆ 地址：9, rue Drouot, 75009
◆ 電話：01 48 00 20 20
◆ 地鐵站：Richelieu-Drouot
◆ 網址：www.drouot.com

Artcurial 艾德拍賣公司

位在蒙田大道與香榭大道交匯處，一棟法國飛航企業家馬賽爾·達索（Marcel Dassault）的舊宅邸內，艾德拍賣公司（Artcurial）是巴黎最重要的拍賣行之一。展售競標的商品從家具、藝術品、手錶、攝影、名酒，甚至漫畫手稿都時常出現。如果你的手邊有外婆家的老鐘，也可以帶來委託這邊的職業鑑定師協助鑑價。一樓還有個書店，專售藝術、建築、服裝與設計相關的書籍，也有許多過去的藝術展覽主題冊。旁邊則有一間非常巴黎人的咖啡廳。

◆地址：7-9, rond-point des Champs-Élysées, 75008
◆電話：01 42 99 20 20
◆地鐵站：Franklin D. Roosevelt
◆網址：www.artcurial.com

向自然致敬

❤ ❶ Deyrolle
戴羅勒標本精品店

戴羅勒（Deyrolle）極像一個古玩櫃，宛如進入從1831年就存在的奇幻標本世界。頂層樓有栩栩如生的老虎、獅子與白熊佇立，這些標本都可以販售或出租。古老的玻璃櫃中則住著稀有的大自然產物：貝殼、礦物、化石與昆蟲等等。一樓是路易・艾伯特・博格利（Louis Albert de Broglie）以花園王子（Prince Jardinier）為名開的戶外用品小店。

◈地址：46, rue du Bac, 75007 ◈電話：01 42 22 30 07 ◈地鐵站：Rue du Bac ◈網址：www.deyrolle.com

古斯塔夫精神

❤ ❷ Astier de Villatte
阿斯提耶・德・拉特家飾店

這間懷舊小店離皇家宮殿（Palais-Royal）不遠，在店面同一條街的對面，是巴黎市最好的咖啡廳之一。在這可以找到各式陶瓷器皿、餐具、居家香氛與蠟燭、吊燈、文具，還有裝在復古瓶子的保養乳液與古龍水。小店室內充滿優雅的亮白色家具，偏向十八世紀的古斯塔夫風格！

◈地址：173, rue Saint-Honoré, 75001 ◈電話：01 42 60 74 13 ◈地鐵站：Tuileries或Palais-Royal ◈網址：www.astierdevillatte.com

北歐古董

❸ Les Fées
小精靈藝品店

「Les Fées」的法文是小精靈。這裡是花藝師西爾薇・奧琵（Sylvie Aubry）的第二間店舖。她同時也是巴黎莫里斯大飯店（Hôtel Meurice）的專屬花藝師。這家店展售一些她精選的北歐古董家飾、新舊混雜的瓷器、新鮮花束、玻璃器皿、各式盤罩，還有許多精美的小禮物，很適合受邀作客時挑選贈送主人的禮物！

◈地址：19, rue Charlot, 75003 ◈電話：01 43 70 14 76 ◈地鐵站：Saint-Sébastien-Froissard

設計與藝術之間

❤ 1 Sentou
桑多家飾店

這是由皮耶・羅曼磊（Pierre Romanet）經營二十多年的家飾店，店內陳列著特殊的家飾作品，介於前衛設計與手工藝術品之間，像野口勇（Isamu Noguchi）設計的燈飾、布蕾姬特・德・巴澤萊爾（Brigitte de Bazelaire）的陶器創作、克勞帝歐・克魯奇（Claudio Colucci）的玻璃，還有羅傑・塔隆（Roger Tallon）最知名的「M400螺旋樓梯」。無論家具、燈飾、餐具，都是在巴黎其他地方很難找到的大師級作品。

◆地址：26, boulevard Raspail, 75007
◆電話：01 45 49 00 05 ◆地鐵站：Rue du Bac ◆網址：www.sentou.fr

東方遊者

❤ 2 Liwan 麗灣家飾店

這間店在左岸著名的聖許畢斯教堂不遠處，店主人麗娜・奧迪（Lina Audi）與兩位合夥人克麗絲汀・博格絲崇（Christine Bergström）、狄娜・埃德（Dina Haidar）開店的初衷，是想展售具東方風味的餐具、廚房用具與時尚飾品。大多數商品都是由黎巴嫩的手工藝師傅與工匠製作，包括床

單組、銅製碗盤、錦緞、天鵝絨、真絲與純金等不同材質的時尚飾品，以及涼鞋與耳環等等。

◆地址：8, rue Saint-Sulpice, 75006
◆電話：01 43 26 07 40 ◆地鐵站：Mabillon或Odéon

家飾界之星

❤ 3 The Conran Shop
康蘭品牌店

這家店於1973年由泰倫斯・康蘭（Terence Conran）在英國成立，他也是另一英國家飾品牌哈比塔特（Habitat）的創辦人。這裡是一個聚集多品牌的複合式商品店，所有商品都經過精心挑選、策劃。此店可說是家飾設計界的第一把交椅！店內除了當代設計、復古家具，還有廚房用具與餐桌器皿、餐具、書、禮品、皮包與旅行箱、美妝品、手錶、首飾與玩具，絕對是巴黎市區購買風格設計產品的首選。

◆地址：117, rue du Bac, 75007 ◆電話：01 42 84 10 01 ◆地鐵站：Rue du Bac或Sèvres-Babylone ◆網址：www.conranshop.fr

平實藝術

❤1 La Tuile à Loup
磚瓦之狼手藝店

「La Tuile à Loup」直譯為「磚瓦之狼」，對於一間守護與推廣傳統阿爾薩斯、普羅旺斯手工藝的店來說，真是極有意境的店名。店中無論是大盤子、小碟子、砂鍋、湯碗、盤罩與花器，許多圖案設計的靈感都來自寓言故事，也都是能讓大眾輕易欣賞的藝術。店內也展售琺瑯與砂岩陶土的器皿，還有手提籃、竹籃、編織托盤等等。

◆地址：35, rue Daubenton, 75005 ◆電話：01 47 07 28 90 ◆地鐵站：Censier-Daubenton ◆網址：www.latuilealoup.com（提供結婚禮物清單註冊服務）

宛若金銀島

❤2 Au Bain Marie
「隔水加熱」古董餐具店

這間店是由奧・克雷蒙（Aude Clément）於1977年開設的餐具專賣店，尤其這裡提供的結婚禮物清單、生日與情人節的禮物註冊服務，更是大受歡迎。此處混搭了各種風格的物品，從十八世紀、裝飾藝術風、東方情懷、日式和風等隨處可見。另外，

還有以前皇家御用的銀器。而且更有許多不到60歐元的小家飾，讓你用親切的價格就能找到一些帶來生活樂趣的小東西。

◆地址：56, rue de l'Université, 75007 ◆電話：01 42 71 08 69 ◆地鐵站：Rue du Bac ◆網址：www.aubainmarie.com

古董與收藏

❤3 Galerie Salon
沙龍藝廊

這裡曾是髮廊，因此名為沙龍藝廊。法國畫家巴爾蒂斯（Balthus）就曾在他的一張1920年的畫裡，標註了這個地方。店主夫婦卡洛（Carole）與史黛芬尼・博阿茲（Stéphane Borraz）曾是聖圖安跳蚤市集的古董商，店中陳列的是北歐風的古董、法國與義大利十七世紀鄉村風格家飾、古早的玩具與畫作、鍍金的木製家飾，以及各種小玩意：從阿斯提耶・德・拉特家飾店（Astier de Villatte）的古龍水、艾瑪・卡西（Emma Cassi）設計的首飾、來自柏林的庫恩陶瓷（Kuhn Keramik）等等。

◆地址：4, rue Bourbon-le-Château, 75006 ◆電話：06 33 85 98 99 ◆地鐵站：Mabillon ◆網址：www.galeriesalon.fr

季節花色
❤ 1 Au fil des couleurs
線條之色家飾店

這間店提供許多特別的壁紙、專屬的家具布料，以及選自其他品牌，包含歐斯本李特（Osborne & Little）、桑德伯格（Sandberg）的家飾。此處展售獨樹一格的壁紙，像是瓷磚或稀有動物皮質感、五〇年代風花紋，還有紐約藝術家理查・沙扎（Richard Saja）繪製的仿法式印花。店裡現場有上千種花案供挑選，也有專人可供諮詢。

◇ 地址：31, rue de l'Abbé-Grégoire, 75006 ◇ 電話：01 45 44 74 00 ◇ 地鐵站：Saint-Placide ◇ 網址：www.aufildescouleurs.com

英國製造
❤ 2 Farrow & Ball
法羅＆波爾油漆與牆紙舖

英國油漆品牌法羅＆波爾（Farrow& Ball）推出了各種顏色，色彩不僅具有高飽和度，也可以製造霧面的質地，更有許多原創的獨家顏色可選擇。品牌從1946年創立，都是交由位在英格蘭西南部多塞特郡溫伯恩市的原廠製作。彩色色素、棕土、白土粉、石灰粉、亞麻仁油、高嶺土等，所有油漆的原料都取材於天然資源，而壁紙則是以手工印製。

◇ 地址：50, rue du l'Université, 75007 ◇ 電話：01 45 44 82 20 ◇ 地鐵站：Rue du Bac ◇ 網址：www.farrow-ball.com

旅遊的色彩
❤ 3 Ressource
「珍藏」油漆公司

各種霧面、緞面、明亮、陰暗、帶有礦物感的油漆，在這你都能找得到。我們尤其喜歡品牌邀請色彩歷史學家派翠克・巴提（Patrick Baty）重現的「歷史系列」，他非常熟悉自十四世紀開始至今的用色，同時更深入研究調配出整個「白色系列」的各種白色。其他還有聯名系列作品：與時裝造型師菲利浦・抹特（Philippe Model）合作的「寧靜系列」與「巴黎右岸-左岸系列」；與室內設計師羅伯・哲衛斯（Robert Gervais）合作的「一致與貫連系列」等等。

◇ 地址：2-4, avenue du Maine, 75015 ◇ 電話：01 42 22 58 80 ◇ 地鐵站：Falguière ◇ 網址：www.ressource-peintures.com

Ladurée嚴選之嚴選　織品

以下介紹的都是極知名的大品牌織品布商，分別坐落在左岸聖傑曼德佩區的馬邑街（rue du Mail）與福斯坦堡廣場（la place de Furstenberg）中間，後者算是巴黎最美的角落之一，不妨來這幾間店欣賞專為家飾設計的精美印花布料與壁紙、各類裝飾品。

Rubelli 呂貝利布料店

四處可見最頂級的絨布、真絲、錦緞、綾布，當中許多布料是復刻過去稀有的材質，但店裡也有新潮的金屬色澤、反光、刺繡、絲綢等布料。此外，還有「威尼斯之牆」系列的壁紙，或是與造型師多明妮可‧基弗（Dominique Kieffer）合作的大地色系列。創立於1858年，呂貝利布料（Rubelli）曾參與威尼斯鳳凰劇院的修復工程，也是著名的佩吉古根海姆美術館長期固定合作的廠商，擁有絕佳口碑！

◆地址：11, rue de l'Abbaye, 75006
◆電話：01 43 54 27 77
◆地鐵站：Saint-Germain-des-Prés
◆網址：www.rubelli.com

Pierre Frey 皮耶・弗萊織品店

創立於1935年，是最能代表法國卓越織品的廠商之一。這個傳統的家族產業，從布料的圖案設計、製造到剪裁與販售，全都由自家包辦。其他產品包括壁紙、地毯，甚至家具都有生產。而這裡也可以找到十九世紀復刻布樣和較現代的花色，包括民族風、刺繡、針織、巴洛克花色的印度立體織布等。

◇ 地址：27, rue du Mail, 75002
◇ 電話：01 44 77 35 22
◇ 地鐵站：Bourse
◇ 網址：www.pierrefrey.com

Braquenié 布拉克尼埃織品店

除了布拉克尼埃（Braquenié）以外，沒有任何其他品牌能更完美代表法式古典了！品牌創立於1824年，但在1991年被Pierre Frey（皮耶・弗萊）品牌集團收購。這間店從各式棉布、印度花布到法式白底印花布都有賣，也有許多復刻的古董花布、地毯與手工打結地毯。這些都類似拿破崙三世與尤金妮皇后在羅浮宮的官邸、梵蒂岡、雨果在巴黎的家，還有瑪麗・安東尼在凡爾賽小提亞儂宮等處可見的款式。來這裡挑選些能為自家編織一段溫馨故事的印花布吧！

◇ 地址：3, rue de Furstenberg, 75006
◇ 電話：01 44 07 15 37
◇ 地鐵站：Saint-Germain-des-Prés
◇ 網址：www.pierrefrey.com/marque/braquenie/

Lelievre 婁里維爾織品店

創立於1914年，不久前才慶祝完品牌的100歲生日！這間樓上的展示間裡陳列著各式家飾布料，從繡花布、人造纖維織布、絲絨、薄紗、古典印花，到夢幻色彩、反光的材質都可見到。就如先前提過的一些紡織廠，這裡也一直保持著家族經營的模式。除了販售自家的設計，同時也展售其他品牌，如里昂的塔塞尼理與香緹爾（Tassinari & Chantel）的絲綢，或是法國知名女裝設計師桑麗卡·萊可雅（Sonia Rykiel）的可愛印花布，還有尚·保羅·高堤耶（Jean Paul Gaultier）愛用的密集印花布。當然，這之間也穿插著不少抱枕套，還有色彩鮮艷的手帕。

◆地址：13, rue du Mail, 75002
◆電話：01 43 16 88 00
◆地鐵站：Bourse
◆網址：www.lelievre.eu

Manuel Canovas 曼紐爾·卡諾瓦斯織品店

這裡賣的布料顏色既活潑又溫暖：從印度紅、茴香淺咖啡色、紫晶色至湖水藍都可以找到。如果想找比較有裝飾效果的，那碎花、條紋、印花、民族圖騰與熱帶風格的各種花色，絕對讓你不虛此行。材質方面可以從真絲、綾、經典的法式白底手繪花布、印花布以及繡花布中選擇。由英國集團柯爾法克斯（Colefax）主導的曼紐爾·卡諾瓦斯（Manuel Canovas）有著非常豐富的布料可選擇，彩虹般的顏色，完美地重新呈現十八世紀的精神。

◆地址：6, rue de l'Abbaye, 75006
◆電話：01 43 29 91 36
◆地鐵站：Saint-Germain-des-Prés
◆網址：www.manuelcanovas.com

Nobilis 諾比利斯織品店

創辦人是阿德菲·哈德（Adolphe Halard）。品牌最為人知的是十八世紀歐洲臨摹中國風的印花布，還有其他印花、條紋、五〇年代風格紋路、雲紋與豹紋絨布等較不常見的特色布料。此處也販售壁紙與各種金銀花邊裝飾、家飾、圖案鮮艷的地毯、精品家具、抱枕、菱格紋布、床單組、香氛蠟燭與居家香氛。店內氣氛怡人又溫馨，而且至今還是位在1928年創始時的小店面。

◆地址：38, rue Bonaparte, 75006
◆電話：01 43 29 12 71
◆地鐵站：Saint-Germain-des-Prés
◆網址：www.nobilis.fr

現代花紋

❶ Dedar 迪達爾織品店

這裡可找到多樣布料、壁紙與花邊飾品，估計約有300種布樣與3,000種花色！家中的扶手椅、屏風、椅墊與桌面，都能用這裡的布料製作。品牌於1976年由尼可拉（Nicola）與愛達·法布理索（Elda Fabrizio）創辦，現已將位在義大利科莫湖區附近的母公司，交由他們的孩子卡特琳娜（Caterina）與拉斐爾（Raffaele）管理。品牌也曾參與巴黎著名的科斯特斯（Costes）飯店、杜拜空中花園（Sky Garden）等的設計。

◆地址：20, rue Bonaparte, 75006 ◆電話：01 43 25 93 01 ◆地鐵站：Saint-Germain-des-Prés ◆網址：www.dedar.com

義大利質料

❷ Colony chez Cleo C 可里奧C家飾布料店

此店商品全是以正統法式、威尼斯、北義皮耶蒙特或東方風格製造。質料從錦緞、古董天鵝絨、繡花和絲綢都有。圖案則有條紋、印花等等。除了這些紡織布料，這裡也有自家品牌設計的沙發和椅子。此外最值得一提的是，這裡的女主人可里奧·卡爾蕾理

（Cleo Carnelli），是一位長期定居在巴黎的美麗義大利太太，待客態度熱情又風趣，絕對是「Made in Italy」最貼切的表現！

◆地址：30, rue Jacob, 75006 ◆電話：01 43 29 61 70 ◆地鐵站：Saint-Germain-des-Prés ◆網址：www.colonyfabrics.com

手工天然製造

❸ Caravane 篷車家飾店

「Caravane」是法文篷車的意思，一看就知道與旅行脫不了關係！從民族風棉被、柏柏爾織布地毯、和風設計的壁燈與吊燈，連瓷器都是遠自摩洛哥或印度新德里等地帶回。店中陳列著這些獨特的家飾與沙發、躺椅，也有懶骨頭軟椅、棉麻被套與床單、窗簾與室內香氛。當然別忽略了餐盤區，回收玻璃製的玻璃杯、水洗麻布製的餐巾布都值得你駐足。而這些單純線條的簡約設計，加上在地傳統技術與手工藝法，還有友善對待大自然環境的製作過程，全都是讓我們居家更美好的東西。

◆地址：9, rue Jacob, 75006 ◆電話：01 53 10 08 86 ◆地鐵站：Saint-Germain-des-Prés ◆網址：www.caravane.fr

高級訂製地毯

❶ Codimat
康地麥地毯

這間是高級地毯專門店，於1955年與另一廠牌卡提（Carty）合併，加起來超過一百年的製造歷史。這裡最擅長的是製作長階梯地毯，但也能駕馭較現代的設計，或者復刻古早的樣式，尤其是二十世紀室內設計大師瑪德蓮‧卡斯泰（Madeleine Castaing）著名的豹貓毛毯。Ladurée現在位於左岸波拿帕街（rue Bonaparte）的茶室，許久前曾是卡斯泰女士的寓所，雖已重新整修，但仍盡量重現她無可取代的獨特風華！

◈地址：63-65, rue du Cherche-Midi, 75006 ◈電話：01 45 44 68 20 ◈地鐵站：Vaneau或Rennes ◈網址：www.codimatcollection.com

印象派造型

❷ Edmond Petit
愛德蒙‧佩蒂家飾店

這邊除了高品質的布料，也展售卡斯泰女士早前設計的布料。這位二十世紀大師最為人知的，就是她研發的一種藍色，當然還有一看就知道出自她手的強烈裝飾性空間，至今還常被其他設計師模仿！此處的織品除了有卡斯泰女士與愛德蒙‧佩蒂（Edmond Petit）合作的手繪印花圖案之外，現在也陸續新增與設計師麥克‧馬亨（Mac Mahon）與蘿拉‧蒙特茲（Lola Montez）合作的款式。

◈地址：23, rue du Mail, 75002 ◈電話：01 45 14 18 20 ◈地鐵站：Bourse ◈網址：www.edmond-petit.fr

瑪德蓮‧卡斯泰的風格空間

瑪德蓮‧卡斯泰（Madeleine Castaing）是室內設計界的女王，活躍於二十世紀，既是古董收藏家，也是高品味的室內布置大師。蒙帕納斯那時正值黃金時期，那兒也是她與藝術家朋友亞美迪歐‧莫迪里安尼（Amedeo Modigliani）與柴姆‧蘇丁（Chaim Soutine）最常出沒的地方。

拋棄了十八世紀法國重建時期以及第二帝國時期的灰暗低迷，取代的是來自新古典風格，並帶些俄羅斯、瑞典與大英帝國皇室1790年時的奢華。她創造了獨一無二的裝飾風格，尤其大量運用飽和鮮豔的「卡斯泰藍」，還有多樣前衛創意。她創造的室內裝飾傳奇流傳至今，現在當代大師賈克‧葛蘭傑（Jacque Grange）就是深受她影響的徒弟。

鄉村生活

① Zuber 祖伯壁飾店

這間左岸聖傑曼德佩區的展示間除了美麗的壁紙，也有絲綢和家具專用布料，還有最厲害的全景式手工繪製板材，能讓空間更具存在感。至今，這裡保留下約十三萬種牆面布置樣品，包括古董裝飾品、中國風設計、特殊處理的皮革，還有像窗簾和鮮花的寫實風格。這些多樣化的設計都是請保有最原創的技術，位於里克塞姆市（Rixheim）的工廠製作，從1790年以來始終如一。

◆地址：12, rue des Saint-Pères, 75007 ◆電話：01 42 77 95 91 ◆地鐵站：Saint-Germain-des-Prés ◆網址：www.zuber.fr

歷史系列

② De Gournay 帝家麗壁飾店

從全景式壁畫、真絲壁紙、手繪，或是各種古典風格圖案系列應有盡有。除了裝飾牆面景色的壁紙，這裡也可以找到多種風格家具和家飾：沙發、單人扶手椅、床、桌子、椅凳、茶几、鏡子、陶瓷器等等。這邊也有一個時尚專區，例如有一塊布料的圖案，就是取自英國服裝設計師珍妮·派克曼（Jenny Packman）的絲綢禮服設計！她也是凱特王妃出席重大場合時常會選擇的愛牌之一。多麼時尚啊！

◆地址：15, rue des Saint-Pères, 75006 ◆電話：01 40 20 08 97 ◆地鐵站：Sain t-Germain-des-Prés ◆網址：www.degournay.com

植物美學

③ Manufacture de papiers peints Mauny 馬尼壁紙製造廠

這是由安德·馬尼（Andre Mauny）1933年創立的品牌，至今所有壁紙仍遵循傳統的手工製法，用雕刻過的梨木模板製作。這間展示間是探索法國安茹主工廠的小窗口。在以噴漆、銅版印製紋路、刷色等費時的手工印製壁紙上，植物與動物都栩栩如生；而平面的建築壁貼，呈現立體線條與曲線，連金屬反光色澤的效果都很到位。這裡的絕佳美學可以為任何室內空間，做出畫龍點睛的裝飾！

◆地址：3, rue des Saints-Pères, 75006 ◆電話：01 42 60 67 01 ◆地鐵站：Saint-Germain-des-Prés ◆網址：www.manufacture-mauny.fr

珍貴飾品

❶ Declerq Passementiers
德克勒克工坊

布置所有家具時，必須連最後的飾品細節都考慮到才算完成。來到這間創立於1852年的家飾品店，可以輕鬆找到多種手工製編織帶、窗簾綁帶、簾子等等。樣式囊括了經典款式、民俗風格與其他各式主題。

◆地址：4, rue du Mail, 75002 ◆電話：01 40 39 11 20 ◆地鐵站：Sentier ◆網址：www.declerqpassementiers.fr

居家小細節

❷ Brass 布拉斯裝潢店

專門製造點綴細節的裝飾品，雖然這些並非用在顯眼處，卻是美化居家環境不可缺的小東西。品牌成立已35年，從暖氣散熱器、欄杆與窗簾桿、浴室配件、置物架、門把與鎖頭、五金到鉸鏈，店中都有，只靠這一家店，就能讓你家完美地組裝完成！

◆地址：37, rue des Mathurins, 75008 ◆電話：01 44 67 90 61（預約制）◆地鐵站：Saint-Augustin ◆網址：www.brass-quincaillerie.com

組裝小零件

❸ Houles 烏勒斯裝潢店

創辦於1928年，這間家族企業與許多其他家飾廠商為鄰，全都聚集在這個地區：廚具、掛毯、裝飾品與工藝品，在附近都能找到。這裡除了經典系列及較當代風格裝飾零件，也有窗簾桿、包覆家具的布料、椅墊等。

◆地址：18, rue Saint-Nicolas, 75012 ◆電話：01 43 44 65 19 ◆地鐵站：Ledru-Rollin ◆網址：www.houles.com

量身打造

❹ Baxter 巴克斯特藝術品店

這間小店兼工作室持續鑽研版畫與古董銅版畫領域，而經典的東西不受限於時間與流行的影響，絕對禁得起考驗。現任創意總監奧瑞麗・福羅尚瑪麗（Aurélie Flor-Jeanmarie）與丈夫詹米・福羅（Jaime Flor）挑選一些平易近人的裝飾性藝術品，包括版畫、建築線條的牆飾，也有一些攝影原作與當代繪畫作品。

◆地址：15, rue du Dragon, 75006 ◆電話：01 45 49 01 34 ◆地鐵站：Saint-Germain-des-Prés

泥土的藝術

1 Atelier Prométhée
普羅米修斯工作坊

從雕像、噴泉與噴水池到壁爐座，在這裡你都可以找到，法國、西班牙、義大利各地的博物館與皇宮，都曾經特別前來此訂製。全部商品仍循古法手工打造：用石膏模將陶土塑形，再放入窯燒，最後再上一層蠟或石灰水，使每件作品散發復古的土紅或橘紅色澤。店主人西德瑞克・里歐（Cédric Riou）與班諾・盧夫納（Benoît Ruffenach）不但時常與國家博物館合作，也會協助修復像凡爾賽皇宮等歷史古蹟。

◆地址：25, rue du Landy, 93210 La Plaine Saint-Denis ◆電話：01 49 98 00 36 ◆交通：RER B La Plaine-Stade de France 站 ◆網址：www.atelierpromethee.com

花式壁雕

2 Auberlet & Laurent
奧貝萊＆羅蘭雕塑模塑店

這裡可以找到歐式建築裡常見的灰泥粉飾牆，俗稱泥作部（stucco），平滑的表面做出老舊建築物上的各種花式壁雕裝飾：路易十六的風格，或是二十世紀初新帝國時期的造型都能看到，壁帶簷口可能是裝飾藝術或摩爾風格，也不乏其他建築裡常見的裝飾、柱子、壁柱、石板、踢腳板等。

◆地址：8, boulevard du Général-Giraud, 94100 Saint-Maur-des-Fossés ◆電話：01 48 85 95 99 ◆交通：RER A Saint-Maur站 ◆網址：www.auberletlaurent.com

復刻石膏像

3 Michel Lorenzi
米歇爾・羅倫茲雕塑模塑店

一整屋的浮雕、雕像、水池、人像面具，分別以石膏、樹脂或人造石製造。這裡所有的東西都可以購買或租借，許多人會為了平面攝影、電影場景布置來這挑選道具。另一點要提的是，這裡的工匠們技術高超，可以單憑一張設計圖或相片，重新打造一個場景！創立於1871年，這裡出品的雕花已不知裝點過多少地方，而由這裡的工匠協助修復的地方也數不清。

◆地址：60, avenue Laplace, 94110 Arcueil ◆電話：01 47 35 37 54 ◆交通：RER B Laplace或Arcueil-Cachan站 ◆網址：www.lorenzi.fr

燈飾風華

水晶魔法
❶ Bagues 巴奎斯燈飾

於1860年創立。店中懸掛的水晶與銅製吊燈、壁燈，使整個空間如教堂般壯觀。這間展示間位在第十二區最美麗的一條路上，是巴黎藝術橋商業長廊中的一員。這裡在處理鐵與銅方面仍仰賴傳統的工匠手法，每片金或銀都由手工鑲上，每個吊飾都是師傅小心翼翼地擺上。店中除了復刻的古董風格燈飾，也有細緻的現代風設計商品。

◆地址：73, avenue Daumensnil, 75012 ◆電話：01 43 41 53 53 ◆地鐵站：Reuilly-Diderot ◆網址：www.bagues-france.com

各式燈具
❷ Épi Luminaire Épi 燈具店

此店販售各式水晶燈、壁燈、立燈、檯燈等等，有些是手工玻璃與木頭製的古典風格，也有較現代的玻璃、金屬或人造纖維製的款式。從浴室的小燈以致於室外照明，在這裡都可以一次買齊！這裡也有出品一系列家具。很多在巴黎Ladurée的茶室與保羅麵包坊裡的燈，都是出自這邊喔！

◆地址：30, cours de Vincennes, 75012 ◆電話：01 43 46 11 36 ◆地鐵站：Nation ◆網址：www.epiluminaires.fr

當代燈飾
❸ VDE Luminaires VDE 燈具店

這裡專門客製燈飾，依照個人需求以供挑選。材質方面有玻璃、黃銅、青銅、鋼和木頭。你也可以來這裡挑一盞像巴黎的拉布里斯托飯店（Le Bristol）、阿布耶酒店（l'Abbaye）、南法比亞里茨的巴拉斯酒店（Palais），還有許多餐廳與公共空間都會有的燈飾，讓自己的家光彩艷麗！

◆地址：26, rue Malar, 75007 ◆電話：01 48 05 72 73 ◆地鐵站：La Tour-Maubourg ◆網址：www.vdelight.fr

舊時玩意

❶ Mis en Demeure
德默爾家具店

在這個溫暖的空間，隨意擺放著一些鄉村風的木製家具、英式紳士扶手椅，再搭配不同的收納櫃、鑲金木製家飾、燈罩、陶器、地毯、牆上的版畫，彷彿回到自己家的親切感。店主人菲利浦‧達絡特（Philippe Darrot）同時還管理位在對面人行道上的另一間店，同樣是混搭風格的個性家飾店，只不過那裡賣的都是古董二手貨。

◈地址：27, rue du Cherche-Midi, 75006 ◈電話：01 45 48 83 79 ◈地鐵站：Sèvres-Babylone ◈網址：www.misendemeure.com

法式經典

❷ Gilles Nouailhac
吉爾斯‧努瓦亞克家飾店

這是間訂製單人椅、躺椅、沙發的專賣店。全部椅子都依照法國的傳統手工方式製作。每張椅子都如同一件雕塑品，先以手工製成再上漆，最後搭配知名布料廠的特選布做成椅套。這裡除了經典椅子的復刻版，也有當代的新設計！

◈地址：94, rue du Bac, 75007 ◈電話：01 53 63 00 25 ◈地鐵站：Rue du Bac ◈網址：www.gillensnouailhac.com

凡爾賽花園

❸ Jardins du Roi Soleil
太陽王的花園家具店

這間店提供戶外庭院與花園所需的裝飾性家具，例如園藝設計師安德烈‧勒‧諾特爾（André Le Nôtre）1670年時，為凡爾賽皇宮外橘子樹設計的盆栽，這裡也有相同款式。其他品項包括花園木椅、陶製花器盆栽、編織戶外燈罩，也有分隔花圃的矮圍籬等。

◈地址：32, boulevard de la Bastille, 75012 ◈電話：01 43 44 44 31 ◈地鐵站：Bastille ◈網址：www.jardinsduroisoleil.com

重溫美好時代

❹ Moissonnier
穆瓦索尼耶家具店

這裡有各式十八～十九世紀的家具，全都色彩鮮艷，如綠寶石色的五斗櫃、紫桃紅的扶手椅、海水藍的長桌等等。此處最出名的就是經典古董風格，依照傳統方法打造，成品宛如一件件珍貴的藝術品般。此外，也可以把家中的家具帶來改造。

◈地址：52, rue de l'Université, 75007 ◈電話：01 42 61 84 88 ◈地鐵站：Rue du Bac ◈網址：www.moissonnier.com

裝飾藝術

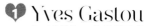 Yves Gastou
伊維斯‧嘉斯圖藝廊

最能代表二十世紀裝飾風格的藝廊之一，創辦人伊維斯‧嘉斯圖（Yves Gastou）現在和兒子維克‧嘉斯圖（Victor Gastou）一起經營。從菲利浦‧伊其裡（Philippe Hiquily）、麥西斯‧奧德（Maxime Old）、艾多‧夏爾（Ado Chale）、保羅‧艾凡思（Paul Evans）等人的作品都可見。從上述的裝飾風延伸的新藝術運動（Art Nouveau）則以下列藝術家做為代表：安德‧雅博斯（Andre Arbus）、吉奧‧蓬蒂（Gio Ponti），而亞歷山德羅‧曼迪尼（Alessandro Mendini）更是伊維斯‧嘉斯圖一路拉拔的當代設計師。

◈地址：12, rue Bonaparte, 75006 ◈電話：01 53 73 00 10 ◈地鐵站：Saint-Germain-des-Prés ◈網址：www.galerieyvesgastou.com

從服裝到家飾設計

 Galerie Clémande
克雷曼藝廊

位於聖傑曼德佩大道與第七區的另一條拉斯帕伊大道（Raspail Boulevard）之間，此店展售1950～1970年代的各式特色家具、燈具與擺飾小物。店主蘿絲‧瑪麗‧伯吉凡（Rose Marie Burgevin）有著極佳的品味。店裡也陳列了她精心挑選的法國、義大利與美國設計大師的珠寶：從迪奧、香奈兒到聖羅蘭的古董飾品都有。

◈地址：3, rue de Luynes, 75007 ◈地鐵站：Rue-du-bac

二十一世紀風格

❸ Galerie May
梅設計藝廊

由藝術家梅麗絲‧奎拉（Maylis Queyrat）與室內設計師查爾斯‧塔尚（Charles Tassin）一起創立的設計藝廊，裡面陳列著各式桌椅、櫥櫃、燈具和鏡子。藝廊是以策展方式挑選家具，如同對待現代藝術，專選有特殊手工的作品，尤其喜愛鑲嵌、漆器、陶瓷等製法。

◈地址：23, rue de Lille, 75007 ◈電話：01 42 61 41 40 ◈地鐵站：Saint-Germain-des-Prés ◈網址：www.galerie-may.fr

設計精神

① Galerie Kreo
克雷歐畫廊

這裡不僅是一間藝廊，它還是具有實驗性質、展示最新形態設計的地方，當然其中不乏名家設計的作品。店主人是當代設計與藝術專家克蕾蔓斯（Clémence）與迪迪耶・克萊參坦斯基（Didier Krzentowski），他們偏愛簡約風設計，店中蒐羅了不少限量作品。他們代理的設計師包括：法蘭薩・包謝（François Bauchet）、荷南與耶爾旺・布互耶克（Ronan & Erwan Bouroullec）、赫拉・約利絲（Hella Jongerius）等等。

◆地址：31, rue Dauphine, 75006 ◆電話：01 53 10 23 00 ◆地鐵站：Saint-Germain-des-Prés ◆網址：www.galeriekreo.fr

當代藝術

② Galerie Kamel Mennour
卡梅爾・馬努爾畫廊

這裡是巴黎最大的當代藝術藝廊之一。藝廊主人卡梅爾・馬努爾（Kamel Mennour）將自己的熱情從攝影轉移到塑膠製藝術品上。這是由建築師艾得瑞・貝克曼（Aldric Beckmann）與法蘭薩絲・尼特皮（Françoise N'Thépé）重新整修過的空間。裡面的作品來自丹尼爾・布罕（Daniel Buren）、克羅德・萊維柯（Claude Lévêque）、馬丁・帕爾（Martin Parr）、安尼詩・卡普爾（Anish Kapoor）等等。

◆地址：47, rue Saint-André-des-Arts, 75006 ◆電話：01 56 24 03 63 ◆地鐵站：Saint-Germain-des-Prés或Saint-Michel ◆網址：www.kamelmennour.com

建築師的家飾

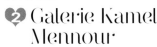

③ Galerie Downtown 中心畫廊

這裡聚集了二十、二十一世紀設計大師的作品，例如：尚・普維（Jean Prouvé）、夏洛特・貝里安（Charlotte Perriand）、皮埃爾・尚納雷（Pierre Jeanneret）、塞爾吉・裘威（Serge Jouve）、喬治・約夫（Georges Jouve）等代表性人物的設計。店主人法蘭薩・拉法諾（Francois Laffanour）在1982年時創立了這間小藝廊，店中都是極具藝術感的家具、燈與當代裝飾品，早已變成一個指標性的地方。

◆地址：18, rue de Seine, 75006 ◆電話：01 46 33 82 41 ◆地鐵站：Mabillon ◆網址：www.galeriedowntown.com

❶ Jousse Entreprise
茹斯畫廊企業公司

大師級的尚‧普維（Jean Prouvé）、夏洛特‧貝里安（Charlotte Perriand）、亞歷山德‧諾（Alexandre Noll）、尚‧羅耶勒（Jean Royère）、馬修‧麥帝高（Mathieu Matégot）、塞爾吉‧穆勒（Serge Mouille）等設計師的作品在這裡都能看到。藝廊主人菲利浦‧茹斯（Philippe Jousse）在這個空間裡展示的，都是經典家飾或值得注目的當代設計。這裡不時也會舉辦設計師個人的回顧展，或是藝術性質高的展覽。

◆地址：18, rue de Seine, 75006 ◆電話：01 53 82 13 60 ◆地鐵站：Saint-Germain-des-Prés ◆網址：www.jousse-entreprise.com

❷ Knoll International
諾爾國際家具公司

創始人漢斯‧諾爾（Hans Knoll）與妻子佛羅倫斯（Florence）顛覆過去對家具的框架，做成有系統的產品，而品牌本身更涵括室內設計、紡織與平面設計等等。1938年創立於美國賓州的東葛林村（East Greenville），雖然是個美國品牌，但常與世界各地的國際設計師合作，像來自芬蘭的埃羅‧沙里寧（Eero Saarinen）就是著名鬱金香椅的設計師。至今品牌仍持續生產旗下最受歡迎的一些經典設計，像是瓦西里椅（Wassily），還有巴塞隆納椅（Barcelona）。

◆地址：268, boulevard Saint-Germain, 75007 ◆電話：01 44 18 19 99 ◆地鐵站：Assemblée nationale ◆網址：www.knoll.com

❸ Galerie Pascal Cuisinier
帕斯卡‧庫斯尼耶藝廊

這間店專門展示法式1950～1960年的家具，大多出自皮埃爾‧葛瓦里奇（Pierre Guariche）、皮埃爾‧波林浪（Pierre Paulin）與吉納維芙‧詹裘（Geneviève Dangles）等大師之手。店主人帕斯卡‧庫斯尼耶（Pascal Cuisinier）也時常獲選參加國際知名的設計展，在巴黎的Paris Art + Design（簡稱PAD）、邁阿密的Design Miami、瑞士的Design Basel展出美麗的家飾。

◆地址：13, rue de Seine, 75006 ◆電話：01 43 54 34 61 ◆地鐵站：Saint-Germain-des-Prés ◆網址：www.galeriepascalcuisinier.com

英式典雅

❤① British Gallery
& Scène Antique Galerie
英國美術館&現場古董畫廊

菲利浦（Philippe）與克麗絲汀‧羅茲（Christine Roux）在此全心展現他們最熱中的十八、十九世紀英國式家具：書櫃、辦公桌、椅子、收納櫃、餐具與畫作等等，不過也有混搭一些瑪德蓮‧卡斯泰（Madeleine Castaing）設計的家具。隔壁的店「Scène Antiques Galerie」是由他們的兩個女兒奧瑞麗‧伯瑞利（Aurore Berreri）與薇洛妮卡‧哈斯郎（Véronique Haslund）管理！

◆地址：54, rue de l'Universite, 75007 ◆電話：01 42 60 19 12 ◆地鐵站：Rue du Bac ◆網址：www.british-gallery.com

稀有收藏

❤② Galerie Alexandre Biaggi
亞歷山德‧比亞吉藝廊

藝廊中全是店主人亞歷山德‧比亞吉（Alexandre Biaggi）精心挑選來自美國，還有二十世紀末的歐洲新古典風格的家具，其中不乏設計大師吉奧‧蓬蒂（GioPonti）、安德‧阿博斯（André Arbus）的作品。亞歷山德在來聖圖安市集創立自己的攤位前，曾是巴黎著名的拍賣行德魯奧（Drouot）的拍賣官，當時的經歷練就他精準眼光與非凡的品味。

◆地址：14, rue de Seine, 75006 ◆電話：01 44 07 34 73 ◆地鐵站：Saint-Germain-des-Prés ◆網址：www.alexandrebiaggi.com

原創珍品

❤③ Galerie Douze
十二畫廊

這是由尼可拉‧薩吉夫（Nicolas Sergeeff）與雷吉思‧奧洛（Régis Aernouts）聯手打造的藝廊，這裡沒有任何經典產品，但全都是十八～二十世紀的原創品。這裡有一盞歌德復興風格的大型水晶燈，其中用了木頭、鍛鐵、水晶與銅材完成，也有賽爾吉‧尤略維其（Serge Youriévitch）一座以舞者娜塔莎‧娜托娃（Natacha Natova）為靈感創作的石膏雕塑，這是曾在小皇宮美術館展出其中一件銅雕作品的原始模型。

◆地址：12, rue Jacob, 75006 ◆電話：06 70 99 94 31 ◆地鐵站：Saint-Germain-des-Prés

活躍全世界的女建築師
❤1 India Mahdavi
印迪婭・邁達維家飾店

印迪婭・邁達維（India Mahdavi）是世界知名伊朗裔的建築師，身兼室內設計師與場景布置師，而這裡正是她同名的精品家飾店。在這裡可以找到她遊走各地收集的好東西，除了大型家具，也有鍋碗瓢盆類小物、羊毛繡花抱枕，及來自蒙古的格紋布與喀什米爾、威尼斯慕拉諾的手工玻璃燈等等。還有，別錯過了塔赫・查米瑞克（Taher Chemirik）的金屬首飾、瑪麗・克里斯多佛（Marie Christophe）創作的鐵絲纏繞立體雕塑品、魯珀・思睿夫（Rupert Shrive）的撕畫作品。

◇地址：3及19, rue Las Cases, 75007 ◇電話：01 45 55 67 67或01 45 55 88 88 ◇地鐵站：Solférino ◇網址：www.india-mahdavi.com

相反的奧妙
❤2 KRD KRD家飾店

店主人克萊夫・羅森法克（Klavs Rosenfalck）創造了這個充滿反差的地方，店內的東西主要來自北歐與拉丁美洲這兩個非常不同的地區，可以說是冷與熱，也是北與南的差異。從普通的桌子到長桌、各種桃花心木、花梨木、柚木的玻璃置物櫃，

1940～1960年代的燈飾，包括凱・克利斯坦森（Kai Kristiansen）、漢斯・偉格納（Hans Wegner）、維納爾・潘頓（Verner Panton）、威漢・庫薩（Vilhelm Kucha）與素人設計師等的作品。

◇地址：58, rue de Bourgogne, 75007 ◇電話：01 44 18 94 88 ◇地鐵站：Assemblée nationale ◇網址：www.krd.fr

新巴洛克風格
❤3 En attendant les barbares
等待不文明者畫廊

從1983年起，艾格尼絲・肯特斯（Agnès Kentish）就一直在此展出不同的創作，像是賈露絲特和伯內堤（Garouste & Bonetti）、安德莉・普特曼（Andrée Putman）、艾瑞克・喬丹（Eric Jourdan）、克里斯汀・吉安（Christian Ghion）、艾利克・里維（Arik Lévy）、艾瑞克・羅賓（Eric Robin）以及伊麗莎白・賈露絲特（Elisabeth Garouste）等，都是他支持的藝術家。從檯燈、水晶燈、手工打鐵的茶几、椅凳、鏡子，都可以在這裡找到。

◇地址：35, rue de Grenelle, 75007 ◇電話：01 42 22 65 25 ◇地鐵站：Rue du Bac ◇網址：www.barbares.com

跳蚤市集（聖圖安區）

古典美學

❶ Gilles Dériot
吉爾斯·德理奧家飾店

羅浮宮藝術學院出身的吉爾斯·德理奧（Gilles Dériot）全心投入在維護歷史家飾上：水晶燈、穿上花毯椅套的單人椅、桃花心木的櫃子等等。這間極具歷史的舊貨攤沒有劇場式誇張的氣氛，也並非只專注單一風格，店內展售從世界各地與法國境內尋到的十八、十九世紀古董，有時也能看到一些二十世紀的單品家具。

◆地址：Marché Serpette, 110, rue des Rosiers（第一走道， 37號攤位）, 93400 Saint-Ouen ◆電話：01 40 12 75 62 或06 11 92 27 46 ◆地鐵站：Porte de Clignancourt

十八世紀記憶

❷ La Maison du Roy
杜羅伊古董藝品店

巴斯卡（Pascale）與卡羅·黎孟（Carole Limoine）將這裡打造成一個古典氛圍的地方，就像在古堡裡的一間私人臥室。裡面陳列著人像畫作、各種椅凳與十八世紀風格的單人沙發，有珍貴的家飾、古典的高柱、陶製半身像雕塑、宮廷主題的油畫，也有一些來自義大利或希臘的巴洛克風格珠寶首飾。

◆地址：Marché Serpette,110 rue des Rosiers（第五走道， 1、2號攤位）, 93400 Saint-Ouen 24, passage Jouffroy（巴黎市中心的第九區也有一間分店）◆電話：06 09 07 03 67 ◆地鐵站：Porte de Clignancourt ◆網址：www.lamaisonduroy.com

貼心旅伴

❸ Le Monde du voyage
世界旅遊旅行藝品店

店主人海倫（Helen）與阿朗·子梭（Alain Zisul）過去二十年都在經營這間寶物店。這裡有各大精品品牌的古董旅行箱：路易·威登1930年代的經典皮箱、戈雅（Goyard）的行李箱、大到可當過夜袋的愛馬仕柏金包、香奈兒，以及同是法國經典的格里普瓦（Gripoix）兩品牌的高級訂製珠寶，還有古董積家鐘錶、菸灰缸與收納盤等小物。

◆地址：Marché Serpette, 108-110, rue des Rosiers（第三走道， 15號攤位）, 93400 Saint-Ouen ◆電話：01 40 12 64 03 ◆地鐵站：Porte de Clignancourt ◆網址：www.lemonduvoyage.com

水晶世界

❶ Philippe Lachaux
菲利浦‧拉切爾
水晶玻璃店

這裡絕對是碧龍（Biron）市集裡最閃耀的一個攤位，此處有全巴黎最美的十九、二十世紀義大利慕拉諾手工玻璃！其中展售的一件水晶，之前曾在巴黎馬羅美術館（2015年春季申請破產）的《從文藝復興時期到二十一世紀的玻璃器皿傑作》主題展覽中展出。我們Ladurée的茶室收藏展示了許多從菲利浦‧拉切爾（Philippe Lachaux）這邊挑選的玻璃作品、瓷器、義大利古董文物及裝飾品等等。

◆地址：Marché Biron, 85, rue des Rosiers（第二走道，156-158號攤位），93400 Saint-Ouen ◆電話：06 07 49 62 74或06 08 23 51 77 ◆地鐵站：Porte de Clignancourt ◆網址：www.antiquitesphilippelachaux.fr

精心製作

❷ Le 7 Paul Bert
Le7 保羅貝爾藝品店

從法國1950年代的家具到設計大師級的作品，這裡都有。從瑞典鍍黃銅的蠟燭臺，到喬‧哥倫波（Joe Colombo）為知名家具品牌卡泰爾（Kartell）設計的扶手椅，或是瓦倫‧帕塔娜（Warren Platner）與諾爾國際家具公司（Knoll International）合作的桌子，還有麥西斯‧奧德（Maxime Old）以古巴桃花木心製作的長桌等。

◆地址：Marché Paul Bert, 96-110, rue des Rosiers（第七走道），93400 Saint-Ouen ◆電話：06 85 41 35 89 ◆地鐵站：Porte de Clignancourt ◆網址：www.le7paulbert.com

溫暖的壁爐

❸ Marc Maison
馬克古董藝品店

這裡過去二十年來專售古早的大理石、石頭或木製壁爐，也有鑄鐵網、木材或水泥製的壁爐裝飾檯面。其他展售樣式，包括陽台上欄杆、大小柱子、門板、木紋地板、樓梯及扶手、木雕和彩色鑲嵌玻璃，最後還有室外花園的裝飾物，如梅迪西斯風格的大理石花盆、雕像、噴泉與長凳等。

◆地址：Marché Biron, 120, rue des Rosiers（第六走道，83號攤位），93400 Saint-Ouen ◆電話：06 60 62 61 90或01 42 25 12 79（只接受預約制）◆地鐵站：Porte de Clignancourt ◆網址：www.marcmaison.fr

美食主義

❶ Bachelier Antiquités
巴切理爾古董店

店主人法蘭薩絲・安（Françoise-Anne）與法蘭塞・巴切理爾（François Bachelier）專研美食料理與美酒的古董，約三十年的時間了。來這就像走進古老的廚房，擦得油亮亮的銅鍋、釉彩陶瓷、竹編籃、砧板、烤模等四處可見。既然料理是主角，這邊每兩年都會舉辦砂鍋烹飪大賽，過去十五年間不曾中斷，還有從日本、澳洲等地越洋而來的參賽者！

◆地址：Marché Paul Bert, 18, rue Paul-Bert（第一走道，17號攤位），93400 Saint-Ouen ◆電話：01 40 11 89 98 或06 19 55 15 38 ◆地鐵站：Porte de Clignancourt ◆網址：www.bachelier-antiquites.com

二十世紀混搭

❷ Antiquités
拉伯傑 - 瓦班古董店

雷米・拉伯傑（Rémy Labergère）與維森・瓦班（Vincent Vauban）捨下他們的初戀：十九世紀設計，全心專注於趣味的家飾上。這些大多是1940～1970年代的義大利、北歐、比利時與法國本地作品。材質方面從各式木頭，如橡木、雪松木、花梨木與桃花心木，或是陶瓷碗盤、藤編的鏡框、吊燈或立燈都有。

◆地址：Marché Paul Bert, 85, rue des Rosiers（第一走道，142號攤位），93400 Saint-Ouen ◆電話：06 84 20 11 37或06 84 08 16 07 ◆地鐵站：Porte de Clignancourt

樸實鄉村風

❸ Aidjolate Antiquités
歡喜小屋古董店

蘿倫絲・瓦可雷（Laurence Vauclair）鑽研拿破崙三世時期的陶瓷、易熔土製陶器以及馬約利卡陶器，而法國那時期最頂尖的出產商，就屬南法瓦洛里區的傑洛米（Jérôme）與黛芬・馬希埃（Delphin Massier），還有來自舒瓦西勒魯瓦（Choisy-le-Roi）以及薩爾格米納市（Sarreguemines）的一些小廠。這家店的名字在臨近瑞士的侏羅省方言裡，是「滿心歡喜的小屋」之意。

◆地址：Marché Paul Bert, 96, rue des Rosiers（第六走道，79號攤位），93400 Saint-Ouen ◆電話：06 09 48 27 86 ◆地鐵站：Porte de Clignancourt ◆網址：www.laurence-vauclair.com

芬芳花束

♥ Odorantes
香味小花店

這是個極具浪漫意境的小店,店主人艾曼紐·莎瑪汀諾(Emmanuel Sammartimo)與克里斯多佛·荷維(Christophe Hervé)想要呈現一個小花園的氛圍,他們的手綁花束都是選用巴黎近郊的花農種植的季節花朵,也會搭配一些玫瑰,豐富花束的芬香。

◆地址:9, rue Madame, 75006 ◆電話:01 42 84 03 00 ◆地鐵站:Saint-Germain-des-Prés

頂級花藝
❷ Moulié 莫里埃花藝店

這邊的切花花束都是替客人量身打造的,如果你對花卉沒有研究,可以請店員依照你的預算來搭配適合的花種。此店的花選擇豐富,光是玫瑰就有令人驚豔的玫昂(Meilland)品種,或是珍·摩洛(Jeanne Moreau)栽培的特別玫瑰花,蘭花也絕對是全巴黎最美的。

◆地址:8, place du Palais-Bourbon, 75007 ◆電話:01 45 51 78 43 ◆地鐵站:Assemblée nationale ◆網址:www.mouliefleurs.com ◆其他:切花是從植物上切剪下的花朵、花枝和葉片等的總稱

盆栽花卉
❸ L'Art en fleurs
藝術花店

這間店的外觀屬於古典風格。店主人娜塔莎·荷特麥(Natacha Heurtematte)的專長是大型活動的花藝布置,她的花束非比尋常,會將切花設計在玻璃瓶中,或使用小朵的迷你玫瑰與繡球花、桂竹香、印度玫瑰、小蒼蘭等等比較不常見的花種。

◆地址:38, rue de Varenne, 75007 ◆電話:01 53 71 98 29 ◆地鐵站:Sèvres-Babylone

當季花藝
❹ Rosa Luna
蘿莎·露娜花店

這裡的花束顏色並非艷麗風格,而是帶著精靈感的輕盈柔和。於2009年創立,本店的特色是運用當季的花卉以及法國專有品種的各式花草。由喜愛花藝的三個年輕朋友:奧利維耶(Olivier)、費德瑞克(Frédéric)與瑞娜(Rena)共同創辦,他們將對自然與花店的熱情全心投入在經營這家店。

◆地址:24, boulevard Raspail, 75007 ◆電話:01 42 22 00 22 ◆地鐵站:Rue du Bac

文 化
Culture

巴黎 ── 藝術之都，來這座城市感受一下博物館的多元豐富吧！
從各種特色收藏：畫作、雕塑、宗教畫、紙上作品、考古文物、時裝，
還有文學作品，巴黎的文化默默地在每個角落等著被你發現。
除了幾個全球知名的美術館之外，還有許多高水準的基金會與藝術文化空間。
許多藝術館都藏身在早期的獨立宅邸，
穿梭在藝術景點周邊的公園與花園，也是令人陶醉的時光，
趁著瀏覽藝術之際，可以小歇片刻或坐下閱讀書籍。
既然我們這篇的主題是文化，
更要介紹給你幾個不能錯過的美麗書店。

Ladurée嚴選之嚴選 文化

以下屬於全世界最具指標性、最著名與美麗的美術館。這些地方除了館
內的收藏引人入勝，建築物本身也都令人驚艷！從蒙娜麗莎的微笑、浪
凡女士的化妝間、塞尚的聖維多利亞山，到艾爾莎‧夏帕瑞利設計的洋
裝禮服，都可以在這幾處欣賞。

Le Musée du Louvre
羅浮宮

羅浮宮（Le Musée du Louvre）在十七世紀末成為這座都市正中心的博
物館前，這裡曾是軍火儲藏庫，同時也是皇室寓所。館內收藏油畫、雕
塑、伊斯蘭教藝術、東方古物、伊特拉斯坎文明文物、古羅馬與希臘文
物、宗教畫與紙上作品，可能需要很多天或是多次造訪，才能全數欣
賞完畢，所以來的時候，記得一定要穿雙舒適的走路鞋，並且備妥一
張清楚的導覽地圖才不會失去了方向！理想的行程可以主題式地從拿破
崙三世以前的住家開始參觀，他的房子是皇宮內沿著里沃利街（rue de
Rivoli）的部分。當然也不要錯過位在一樓西南修利（Sully）翼的幾個
新展示間，室內設計師賈克‧加西亞（Jacques Garcia）所設計的空間裡
面，陳列著十七～十九世紀的藝術作品。

◆地址：Palais du Louvre, 75001
◆電話：01 40 20 50 50 或01 40 20 53 17
◆地鐵站：Palais-Royal或Musée du Louvre
◆網址：www.louvre.fr

Le Musée des Arts Décoratifs
裝飾藝術美術館

1882年開始的裝飾藝術美術館，延續著十九世紀世博會的精神與理念。座落在杜樂麗花園與卡魯索廣場上，這裡常常舉辦各式主題的大型展覽，從法國典型裝飾藝術（包括琺瑯、漆器、玻璃、陶瓷、拿破崙三世時期的拼花家具），到時裝與紡織、平面設計、攝影、珠寶與玩具等等。這裡的館藏記錄著各種中古世紀以來的藝術風格，從文藝復興時期、十七～十九世紀、新藝術主義，以及裝置藝術風格都一眼看盡。最特別的是這裡還能參觀阿曼德·阿爾伯特·雷圖（Armand Albert Rateau）為珍妮·浪凡（Jeanne Lanvin）女士設計的公寓，另一個賣點則是美術館一樓入口旁的附設書店。

◆地址：107, rue de Rivoli, 75001
◆電話：01 44 55 57 50
◆地鐵站：Palais-Royal或Musée du Louvre
◆網址：www.lesartsdecoratifs.fr

Le Palais Galliera
(Musée de la Mode de la Ville de Paris)
時尚博物館

這個新文藝復興風格的皇宮,是建築師保羅‧雷尼‧里昂‧吉南(Paul René Léon Ginain)於1879年,受加利拉(Galliera)公爵夫人委託建造。這裡原來是為了放置她的藝術蒐藏,但最後那些藝術品被捐贈給日內瓦的紅宮(Palazzo Rosso),這棟壯觀的建築物則留在巴黎。自2010年,館長奧利佛‧賽羅(Olivier Saillard)全心投入維修此建築,並將展覽內容重心轉移至時尚服裝方面,與大家分享他對時裝配件的熱情。基於服裝收藏品的稀有及不易保存,這裡只舉辦短期展覽。從踏入拱門的那一刻,你會馬上發現建築物的內圈都沒有窗戶。在結束館內的參觀路線後,不要忘記出來外面享受一下室外花園的景色。

◆地址:10, avenue Pierre 1er-de-Serbie, 75116
◆電話:01 56 52 86 00
◆地鐵站:Iéna
◆網址:www.palaisgalliera.paris.fr

Le Musée D'Orsay
奧賽美術館

面向著杜樂麗花園（Tuileries），前身是塞納河畔的一個火車站，當初是為了1900年的世博會所建，現在裡面專門陳列十九世紀後段的重要西洋藝術品。火車站停用後曾有多年被遺忘了，直到1978年被列為歷史古蹟，並在1986年整修成美術館。由義大利設計師蓋‧奧倫帝（Gae Aulenti）重現的新樣貌，仍保留原建築師維克多‧拉盧（Victor Laloux）的大致格局。館內陳列大量油畫、雕塑、家飾、裝飾藝術、圖畫、攝影。印象派的畫作、裝飾風格的家具與雕塑品試管內的重要收藏。最頂樓的咖啡廳，擁有全巴黎最棒的窗外風景之一，而餐廳則還是位在以前火車站裡的用餐空間，相當具有歷史氣息。

◆地址：1, rue de la Légion-d'honneur, 75007
◆電話：01 40 49 48 14
◆地鐵站：Solférino或RER C 的Musée d'Orsay 站
◆網址：www.musee-orsay.fr

城市裡的花園

❤1 Le Musée de la Vie Romantique
浪漫生活博物館

房子原主人是阿力·謝佛（Ary Scheffer），出生於荷蘭的法國肖像畫家，他生涯活躍的時期約在1830年時，館內已經全部交給室內設計師賈克·加西亞（Jacques Garcia）重新布置，美術館每年舉行兩次主題展覽。一樓的玻璃展示櫃裡可看到來自喬治·桑（George Sand）的手寫信與肖像畫，另有十七與十八世紀的家飾與珠寶。樓上展示的是阿力·謝佛（Ary Scheffer）的油畫作品。

◆地址：16, rue Chaptal, 75009 ◆電話：01 55 31 95 67 ◆地鐵站：Saint-Georges

十八世紀的紀念

❤2 Le Musée Cognac-Jay 康納克-傑美術館

此處原是一棟十六世紀的私宅。裡面的收藏品都是大師級作品，從十七世紀的林布蘭（Rembrandt）油畫，到許多十八世紀的作品：加納萊托（Canaletto）、提也波洛（Tiepolo）與布雪（Boucher）的畫作、胡洞（Houdon）與勒莫安（Lemoyne）的雕塑品等等。這全是巴黎著名的莎瑪麗丹（Samaritaine）百貨創辦人歐內斯特·康納克（Ernest Cognacq）與其妻瑪瑞·路易斯·珍（Marie-Louise Jaÿ）的私人收藏，於1928年全數捐贈給巴黎市。

◆地址：8, rue Elvézir, 75003 ◆電話：01 40 27 07 21 ◆地鐵站：Saint-Paul或Chemin-Vert ◆網址：www.museecognacqjay.paris.fr

藝術家私物

❤3 Le Musée Delacroix
德拉克洛瓦美術館

這裡於1991年成為巴黎的歷史古蹟，更在2004年列入羅浮宮旗下管理。只有在這裡可以看到德拉克洛瓦（Delacroix）的一些著名油畫，包括「沙漠中的瑪德蓮」與「聖母」。德拉克洛瓦直到1863年逝世，都住在此處，因此這裡有許多藝術家留下的草稿素描、物件、非洲衣飾以及其他的私人物品。

◆地址：6, rue de Furstenberg, 75006 ◆電話：01 44 41 86 50 ◆地鐵站：Saint-Germain-des-prés或Mabillon ◆網址：www.musee-delacroix.fr

雕塑之心
❤①Le Musée Rodin
羅丹美術館

位在傷兵院旁的精華地段，這不是間普通房子，而是十八世紀建築師尚·歐貝（Jean Aubert）的私人碧龍宅邸（l'hotel Biron），羅丹也曾在1908年以此為家。三呎大的後花園更是壯觀，花園裡包含玫瑰圃、庭院，還有小教堂。參觀完雕塑展示間，接著走進「奧菲歐花園」與「泉源花園」，更別忘了到庭園側邊的大理石藝廊參觀，前往花園中間的咖啡廳和美術館出口前的書店等處。

◆地址：79, rue de Varenne, 75007 ◆電話：01 44 18 61 10 ◆地鐵站：Varenne或Invalides ◆網址：www.musee-rodin.fr

私立美術館
❤②Le Musée Picasso
畢卡索美術館

於1985年創立的畢卡索美術館（Le Musée Picasso），隱藏在瑪黑區一棟十八世紀獨立私人宅邸裡，展示著這位藝術家多媒材的作品，包含油畫、圖畫、陶瓷、雕塑、筆記、版畫、攝影等等。館內也同時展出畢卡索自己的藝術收藏，如勒南兄弟（Le Nain）、塞尚（Cézanne）、高更（Gauguin）等同期藝術家的油畫作品，連現在價值連城的賈克梅蒂（Giacometti）的雕塑都可看見。

◆地址：5, rue de Thorigny, 75003 ◆電話：01 85 56 00 36 ◆地鐵站：Saint-Paul或Saint-Sébastien-Froissard 或Chemin-Vert ◆網址：www.museepicassoparis.fr

當代藝術
❤③La Maison Rouge
紅房子藝術基金會

除了展示自有的收藏，同時也是個常協力舉辦展覽的藝術基金會。多樓層的展覽空間，館內每年至少舉辦數個主要展覽，也會參與製作大型的國家巡迴展覽。創辦人安東尼·德·蓋博特（Antoine de Galbert），是一位當代藝術收藏家，特別將畫作、雕塑以及動態影像藝術全部合而為一。館內還有一間著名的英國有機咖啡廳：玫瑰烘焙屋（Rose Bakery），是由展覽設計師艾蜜莉·彭那維澈（Émilie Bonaventure）特別打造，與當期展覽內容搭配。

◆地址：10, boulevard de la Bastille, 75012 ◆電話：01 40 01 08 81 ◆地鐵站：Quai de la Rapée ◆網址：www.lamaisonrouge.org

古老修道院

❶ Le Musée Zadkine
查德金美術館

這間美術館仍保留著一絲二十世紀初巴黎左岸蒙帕納斯（Montparnasse）的氣息，是個現在已少見的工作室結合美術館的空間。俄國雕塑家歐西·查德金（Ossip Zadkine）與畫家妻子瓦倫丁·普斯（Valentine Prax）於1928～1967年，就住在這個以前曾是西翁聖母院（Notre-Dame de Sion）一部分的屋子。現已重新整修好的空間裡展出70座木頭、石頭、陶土與石膏雕塑。美術館的地理位置離盧森堡花園非常近。

◆地址：100 bis, rue d'Assas, 75006 ◆電話：01 55 42 77 20 ◆地鐵站：Vavin ◆網址：www.zadkine.paris.fr

溫室與養蜂箱

❷ Le Musée du Luxembourg
盧森堡美術館

位在同名的盧森堡花園裡，這棟原是皇家官邸的建築物，現在展示從文藝復興時期至二十世紀的油畫畫作。2012年，盧森堡美術館（Le Musée du Luxembourg）才剛由兩位世界級建築大師坂茂（Shigeru Ban）與尚·德·加斯蒂恩（Jean de Gastines）攜手重新整修空間。這個公園是1612年時專為瑪麗·德·梅蒂奇（Marie de Médicis）所建立。花園裡，噴水池旁的情侶留下深情的吻，再過去一點則是橘園，栽種玫瑰與橘子樹。另有水果庭園裡的蘋果樹與梨子樹，還有一區專屬來自熱帶地區的蘭花，最後在花園的一個角落還有一些養蜂箱！

◆地址：19, rue de Vaugirard, 75006 ◆電話：01 40 13 62 00 ◆地鐵站：Odéon或Saint-Sulpice或RER B Luxembourg站 ◆網址：www.museeduluxembourg.fr

回味十八世紀

❤❶ Le Musée
Nissim de Camondo
卡蒙多博物館

這裡是巴黎最美麗的獨棟宅邸之一，就在蒙索公園的外圍。最初在1910年時，是由一位非常有錢的土耳其裔銀行家慕思·德·卡蒙多（Moïse de Camondo），邀請建築師勒內·薩根特（René Sergent）來為他私人的十八世紀家具與物品收藏，設計一座美術館，融合西方與東方風格，以及各式藝術品。如今，卡蒙多家族這個名字已成為守護法國工藝的同名詞。

◆地址：63, rue de Monceau, 75008
◆電話：01 53 89 06 40　◆地鐵站：Monceau或Villiers　◆網址：www.lesartsdecoratifs.fr/francais/nissim-de-camondo

大師畫作

❷ Le Musée
Jacquemart-André
賈克馬·安德烈博物館

愛德華·安德烈（Édouard André）與奈麗·賈克馬（Nélie Jacquemart）夫婦一直對十八世紀的畫作、法國裝飾藝術與大型的哥布林織布毯懷抱熱情。這棟由建築師亨利·巴倫（Henri Parent）設計的房子，宛若一棟皇宮。裡面的房間是以不同的風格布置完成，包括夏丹（Chardin）、加納萊托（Canaletto）與納迪爾（Nattier）等人的設計風格，另外還有餐廳、第二帝國時期的音樂沙龍與雕塑藝廊。

◆地址：158, boulevard Haussmann, 75008　◆電話：01 45 62 11 59　◆地鐵站：Miromesnil　◆網址：www.musee-jacquemart-andre.com

美術館裡的咖啡廳

美術館逛累時，來這些花園中的咖啡廳就對了！首先是巴黎小皇宮餐廳（Café Le Jardin du Petit Palais），藏在隱密的小皇宮花園裡。在擁有巴黎最出色的美景之一的布朗利碼頭博物館（musée de quai Branly）裡，則可以坐在影子餐廳（Les Ombres）裡享受。加布里埃爾·費里耶（Gabriel Ferrier）與班傑明·康斯坦（Benjamin Constant）所設計、位在奧賽美術館內的奧塞美術館餐廳（Restaurant du musée d'Orsay），完美重現法國1900年代的風格。羅丹美術館內的羅丹博物館咖啡（Café du Musée Rodin）有戶外座位區，可以好好欣賞法式花園與雕塑。最後還有賈克馬·安德烈餐廳（Café Jacquemart-André）就在同名的美術館裡，值得前往。

基金會與藝文空間

前衛風範

❤1 Fondation Cartier
卡地亞基金會

自從1984年創立以來，卡地亞基金會（Fondation Cartier）即成為國際前衛藝術與當代藝術的交匯點。這裡固定舉行攝影、錄影、雕塑與畫作等不同形態與媒材的展覽。音樂會與舞蹈表演也具吸引力，最受歡迎的活動是將現在的表演藝術家邀請至館內的「遊牧之夜」。這棟非常有特色的建築物，交夾玻璃與金屬，被包圍在花園中，是由法國建築師尚・努維勒（Jean Nouvel）所設計的。

◆地址：261, boulevard Raspail, 75014 ◆電話：01 42 18 56 50 ◆地鐵站：Raspail ◆網址：www.fondation.cartier.com

紀念攝影大師

❤2 Fondation Cartier-Bresson
亨利・卡地亞 - 布列松基金會

這邊除了展覽攝影大師亨利・卡地亞 - 布列松（Henri Cartier-Bresson）最為人知的黑白攝影作品，也有其他攝影師的作品。在這裡，攝影全是另一層面的藝術。固定每年會舉辦三次特展，搭配上錄影作品。每兩個月就會有錄影放映以及「對談」系列講座，這是由知名藝術評論家娜塔莎・瓦林斯基（Natacha Wolinski）所主導的課程。

◆地址：2, impasse Lebouis, 75014 ◆電話：01 56 80 27 00 ◆地鐵站：Gaîté ◆網址：www.henricartierbresson.org

精彩景色
❶ Espace culturel Louis Vuitton
路易·威登藝術空間

路易·威登的香榭大道旗艦店已成為全球買家朝聖的景點，尤其是每次櫥窗的精彩陳列，更是吸引眾人的目光。這間路易·威登藝術空間（Espace culturel Louis Vuitton）位在旗艦店七樓，自從2006年起營業，已成為當代經典藝術展覽空間之一。這裡的展覽內容包含攝影、錄影、虛擬影像，還有講座等，都會不定時舉行。至於外觀部分，因為藝廊位於旗艦店的頂樓，往外看就是精華香榭大道，看展覽時不要忘了也欣賞一下城市風景！

◆地址：60, rue Bassano, 75008 ◆電話：01 53 57 52 03 ◆地鐵站：George V ◆網址：www.louisvuitton-espaceculturel.com

日式文化
❷ Maison de la culture du Japon à Paris
巴黎日本文化會館

透過各式展覽、電影放映、研討會與多彩多姿的活動，來到這裡發掘日本文化的美好！這裡也推廣日式茶道的儀式、美食、書法、文學、花藝以及摺紙藝術。巴黎日本文化會館（Maison de la culture du Japon à Paris）創立於1997年，也是法國的日本之年，這棟當代風格的建築物，是由分別來自日本與英國的建築師山中昌之（Masayuki Yamanaka）與甘尼·阿姆斯壯（Kenneth Armstrong）設計。這棟會館除了是日本文化中心，也是日本在法國的辦事處。十一層樓裡包含精品店、展覽室、茶室、餐廳、日文教學教室與圖書館等等，在此展現著全世界獨一無二的日式生活美學。

◆地址：101 bis, quai Branly, 75007 ◆電話：01 44 37 95 01 ◆地鐵站：Bir-Hakeim ◆網址：www.mcjp.fr

時尚書本

❶ 7L
7L書店

為了向大眾傳達自己對影像、書本與文字的熱情,「時尚老佛爺」卡爾‧拉格斐(Karl Lagerfeld)設立了這間書店,展示各種美麗的出版品。從裝飾藝術、當代藝術與其他藝術風格,還有攝影集、設計相關的書籍或是詩集,也有1900~1930年代的些許獨立出版品。有趣的是,這裡其實沒有太多與時尚相關的書籍。

◆地址:7, rue de Lille, 75007 ◆電話:01 42 92 03 58 ◆地鐵站:Saint-Germain-des-Prés ◆網址:www.librairie7l.com

文學工坊

❷ La Chambre claire
明室書店

這間書店是收藏家、喜愛攝影或是電影控的必訪之處。在這裡常常可以挖寶,找到稀有的書籍,但也有最新出版上架的新書。La Chambre claire(明室書店)同時也會固定舉行展覽或講座。

◆地址:14, rue Saint-Sulpice, 75006 ◆電話:01 46 34 04 31 ◆地鐵站:Odéon ◆網址:www.la-chambre-claire.fr

英文文學

❸ Galignani
蓋緋亞尼書店

哈囉!在巴黎要找英文讀物,來蓋緋亞尼(Galignani)書店就對了!創立於1801年,店面就在市中心的里沃利街(rue de Rivoli)上。除了最暢銷的文學作品,也有政治與經濟類別,但也不乏與藝術、人文歷史、設計、攝影等等相關的書籍與刊物。雖說所有書籍多為英文版,但還是有法文與其他外文的譯本。

◆地址:224, rue de Rivoli, 75001 ◆電話:01 42 60 76 07 ◆地鐵站:Tuileries ◆網址:www.galignani.com

精神指標

❹ Librairie Delamain
德拉曼書店

於1700年創立,可說是巴黎最古老的書店,更曾是巴黎重要文人的聚集地,如尚‧考克多(Jean Cocteau)、柯蕾特(Colette)與路易‧阿拉貢(Louis Aragon)都常來訪。這裡蒐羅文學、驚悚小說、人文與藝術類別書籍,無論是現代文學或十八世紀皮革書衣,都塞滿高聳的古董橡木書櫃。

◆地址:155, rue Saint-Honoré, 75001 ◆電話:01 42 61 48 78 ◆地鐵站:Palais Royal-Musée du Louvre ◆網址:www.librairie-delamain.com

THE FIRST

ENGLISH BOOKSHOP

ESTABLISHED

ON THE

CONTINENT

德語系讀冊

❶ L'Écume des pages 書頁之沫

在這裡，你可以找到法文與外文的小說、詩集、遊記、藝術書、歷史讀物，連心理學以及十六世紀法國七星詩社（La Pléiade）的作品也有。另外一個大賣點是這裡每天晚上都營業到半夜，星期日則到晚間十點。

◈ 地址：174, boulevard Saint-Germain, 75006 ◈ 電話：01 45 48 54 48 ◈ 地鐵站：Saint-Germain-des-Prés ◈ 網址：www.ecumedespages.com

美學收藏

❷ Librairie Assouline 阿蘇利納書店

這間書店架上陳列的是關於時尚、室內裝潢、建築、電影等藝文主題的書籍，全都是阿蘇利納（Assouline）出版社特別編輯的內文。店內擺設如同有藝術品裝飾的私人俱樂部，角落則有文具的展示區。

◈ 地址：35, rue Bonaparte, 75006 ◈ 電話：01 43 29 23 20 ◈ 地鐵站：Saint-Germain-des-Prés ◈ 網址：www.assouline.com

平實的禮物書

❸ Taschen 塔森出版社直營書店

店內有各式塔森（Taschen）出版的藝術、時尚、攝影、廣告設計、建築、漫畫書籍，也有各大都市的旅遊書，全都可以用平易近人的價格收藏！這裡出版品的另一個特色，是以圖為主配上簡短的文字：英德法三語並列。

◈ 地址：2, rue de Buci, 75006 ◈ 電話：01 40 51 79 22 ◈ 地鐵站：Saint-Germain-des-Prés ◈ 網址：www.taschen.com

少年讀物

❹ Chantelivre 巧特利夫書店

數不清的繪本、故事書、漫畫、立體書等等，每本都印得精緻美麗，簡直是孩子的王國！當然也不只有兒童讀物，還有最新的小說、精裝書籍與各式旅遊書，供成年讀者選擇。書店離樂蓬馬歇（Bon Marche）百貨很近，只需步行即可到達。

◈ 地址：13, rue de Sèvres, 75006 ◈ 電話：01 45 48 87 90 ◈ 地鐵站：Sèvres-Babylone ◈ 網址：www.chantelivre.com

巴黎的Ladurée

在皇家路、香樹大道與波拿帕街這些巴黎主要街道上，都能見到Ladurée的蹤影，來巴黎時，千萬別忘了來看看我們！

🦋Ladurée Royale 皇家路店

Ladurée皇家路店（Ladurée Royale）是我們第一間店，也是從1862年來一直佇立在此的品牌之母！這裡是個既時尚又舒適的空間，一樓的餐廳也才剛全部整修過。座位區以木製裝潢為主，牆上保留著最初的壁畫裝飾。跟隨季節的變化，餐廳提供簡單又美味的輕食餐點，這裡早已成為世界各地訪客來到巴黎的熟悉歇腳處。這裡可以嘗到全巴黎最好吃的馬卡龍、酥脆的可頌麵包，還有其他各式甜點。鹹食也絲毫不遜色，尤其推薦經典Ladurée歐姆蛋包與鹹雞肉派佐野蘑菇。

◈ 地址：16, rue Royale, 75008
◈ 電話：01 42 60 21 79
◈ 地鐵站：Madeleine

🦋Ladurée Champs-Elysées 香樹大道店

這間Ladurée香樹大道店（Ladurée Champs-Elysées），是我們於1997年開幕的全球旗艦店。由總裁大衛・赫德（David Holder）與他的父親，赫德集團創辦人法蘭西・赫德（Francis Holder）聯手打造，再次於世界最美麗的大道上，重現Ladurée位於皇家路本店的華麗魅力。

由Ladurée品牌御用室內設計師賈克・加西亞（Jacques Garcia）詮釋我們品牌對法式生活美學的定義。一樓的窗戶裝飾風格模仿艾菲爾鐵塔的鐵工，坐在裡面，可以輕鬆地欣賞香樹大道上的風景。旁邊轉角林肯路

（rue Lincoln）上，便是Ladurée時尚概念酒吧（見p.20），這裡的早餐選擇與餐廳內的又不同，從早到晚都可以喝到特色馬卡龍調酒，當然也有其他各式餐前酒與飲料，因此每到晚間7點之後，這裡總是熱鬧非常。一樓具有沙龍感的空間，每個房間的主題分別是第二帝國的名人：拉・派瓦（La Paéva）、卡斯迪里翁伯爵夫人（Castiglione）、馬蒂爾德（Mathilde）。這邊全年無休，營業時間是從每日早上7點半至凌晨12點，餐廳提供早餐、午餐、下午茶與晚餐。經典的餐點包含香榭大道俱樂部三明治、雞胸肉菠菜沙拉，甜點則最推薦玫瑰覆盆莓聖多諾黑，或是玫瑰蕾格麗絲泡芙。

◆地址：75, avenue des Champs-Elysées, 75008
◆電話：01 40 75 08 75
◆地鐵站：Franklin D. Roosevelt 或George V

🦋 Ladurée Bonaparte 波拿帕街店

座落在聖傑曼德佩區中心的Ladurée波拿帕街店（Ladurée Bonaparte），是我們巴黎的第三間茶室，這裡是另一個優雅經典的用餐地點。整間店面佔兩層樓，由蘿姍・侯迪奎（Roxane Rodriquez）重新詮釋原處室內設計師瑪德蓮・卡斯泰（Madeleine Castaing）的獨特風格。樓下的茶室是以馬卡龍專賣部延伸，樓上的風格則完全不同，布滿藍色絨布的沙龍空間，搭配牆上古色古香的老舊照片。菜單上，每天都有美味的各色餐點：鹹食可以先點好吃的三明治開胃，接著再用法式吐司佐糖漿、果醬與香緹鮮奶油，當作完美的結尾。

◆地址：21, rue Bonaparte, 75006
◆電話：01 44 07 64 87
◆地鐵站：Saint-Germain-des-Prés

索引

🦋 Culture 文化

Lifestyle 045

馬卡龍名店
LADURÉE
口碑推薦！
老巴黎人才知道的
200家品味之選
像法國人一樣漫遊餐廳、
精品店、藝廊、美術館、
書店、跳蚤市集

國家圖書館出版品
預行編目

馬卡龍名店LADURÉE口碑推薦！
老巴黎人才知道的200家品味之選
像法國人一樣漫遊餐廳、精品店、
藝廊、美術館、書店、跳蚤市集
賽爾・吉列滋（Serge Gleizes）著
一初版一台北市：
朱雀文化，2016.08【民105】
面；公分．—（Lifestyle045）
ISBN 978-986-93213-6-5（平裝）
1.巴黎 2.旅遊
742.719

作者｜賽爾・吉列滋（Serge Gleizes）・翻譯｜夏綠

內文完稿｜黑貓工作室・封面完稿｜張小珊
編輯｜彭文怡・校對｜連玉瑩・行銷｜石欣平
企劃統籌｜李橘・總編輯｜莫少閒
出版者｜朱雀文化事業有限公司・地址｜台北市基隆路二段13-1號3樓
電話｜02-2345-3868・傳真｜02-2345-3828
劃撥帳號｜19234566朱雀文化事業有限公司
e-mail｜redbook@ms26.hinet.net
網址｜http://redbook.com.tw
總經銷｜大和書報圖書股份有限公司（02）8990-2588
ISBN｜978-986-93213-6-5
初版一刷｜2016.09・定價｜新台幣320元

Paris by Ladurée
Texts: Serge Gleizes
Photographies: Pierre-Olivier Signe
Illustrations: Kerri Hess
© 2015, Editions du Chêne – Hachette Livre. All rights reserved.
Chinese complex translation edition published by arrangement with
Editions du Chêne – Hachette Livre.
through LEE's Literary Agency